काल के हस्ताक्षर

[संस्मरण]

काल के हस्ताक्षर

शिवानी

राधाकृष्ण प्रकाशन

ISBN : 978-81-8361-169-5

काल के हस्ताक्षर

पहला संस्करण : 2007
तीसरा संस्करण : 2021

मूल्य : ₹350

प्रकाशक

राधाकृष्ण प्रकाशन प्राइवेट लिमिटेड
जी-17, जगतपुरी, दिल्ली-110 051

शाखाएँ : अशोक राजपथ, साइंस कॉलेज के सामने, पटना-800 006
पहली मंजिल, दरबारी बिल्डिंग, महात्मा गांधी मार्ग, प्रयागराज-211 001
1, अनमोल सोराबजी संतुक लेन, धोबी तलाव, मरीन लाइंस, मुम्बई-400 002
वेबसाइट : www.radhakrishnaprakashan.com
ई-मेल : info@radhakrishnaprakashan.com

मुद्रक

राजकमल प्रेस
नई दिल्ली-110 002

KAL KE HASTAKSHAR
Memories by Shivani

क्रम

कोयलिया मत कर पुकार

आज से कोई तीस वर्ष पूर्व एक मेघाच्छन्न श्रावणी सन्ध्या स्मृतिपटल पर उतर आती है। महाराज ओरछा का दरबार-हॉल, मखमली सोफे पर बैठे स्वयं महाराज, उनका परिवार, मित्र। हाथी-दाँत की मेज पर धरा ग्रामोफोन और उस पर बज रहा बेगम अख्तर का, तब एकदम ताजा रिकार्ड—'छा रही काली घटा जिया मेरा लहराए है।' उस जादुई कंठ से लहराती 'देश' की वह अनूठी बन्दिश आकाश की काली घटा को जैसे सचमुच ही उस राजसी कक्ष में खींचकर, श्रोताओं को रससिक्त कर गई थी। कैसी तड़प थी उस आवाज में, कैसी टीस! 'बेवफ़ा से दिल लगाकर क्या कोई फल पाए है!'

यह मेरा सौभाग्य है कि जिस जादुई कंठ की स्वरलहरी ने मुझे तीस वर्ष पूर्व मन्त्रमुग्ध किया था, उस कंठ का आकर्षण आज भी मेरे लिए वैसा ही बना मेरी लेखनी को गतिशील बना रहा है। जहाँ तक गजल, ठुमरी एवं दादरा का प्रश्न है, स्वर-लय की ऐसी उत्कृष्ट, सम्पन्न गायकी का परिचय अन्य कोई भी गायिका शायद आज तक नहीं दे सकी है। ऐसी सहज स्वाभाविकता, स्वर-लय का ऐसा अपूर्व समन्वय सर्वोपरि उनके कंठ की एक सर्वथा निजी मौलिकता, प्रस्तुतीकरण के बीच स्वयं ही आकर छिटक गया एक मीठी टहूक-सा स्वर-भंग जो शायद अन्य किसी भी गायक या गायिका के लिए उसकी गायकी का दोष बन सकता था, उनकी गायकी का एक अनूठा नगीना बन गया है।

महाराष्ट्र के श्री वामनराव देशपांडे भारत के प्रसिद्ध संगीतविद् हैं। उन्होंने स्वयं विधिवत् ग्वालियर, किराना एवं जयपुर, तीनों घरानों की संगीत-शिक्षा प्राप्त की है। उनके मतानुसार पटियाला घराने का स्थान, जयपुर एवं किराना के मध्य स्थित है। किराना की विशिष्टता है, सामान्य-सा नक्की स्वर, साथ

ही आवाज में एक विचित्र-सी खुरदुरी खराश, जिसका अपना एक निजी आकर्षण रहता है। स्वर की यह मिठास किसी रेशमी नाज़ुक तागे की भाँति खिंचती, और सुननेवालों को भी साथ-साथ खींचती चली जाती है—यह रेशमी डोर, जिस अनूठी कशीदाकारी का जाल बिखेरती चली जाती है, उससे बँधा श्रोता सबकुछ भूल-बिसरकर रह जाता है। उधर जयपुर घराने को उन्होंने सर्वश्रेष्ठ माना है—किसी सुदक्ष भास्कर की गढ़ी मूर्ति-सा ही दोषरहित। स्वर-लय का सुठाम सामंजस्य, विकास की छंदमयी गति और मनोरंजकता इस गायकी के विशिष्ट अंग हैं। बेगम अख़्तर की गायकी पर इन तीनों घरानों की गायकी की सुस्पष्ट छाप है। ऐसा होना स्वाभाविक भी है, क्योंकि उनके गुरु थे पटियाला के प्रसिद्ध गायक मुहम्मद अता खाँ और वहीद खाँ।

बेगम अख़्तर का जन्म फैजाबाद में हुआ। स्वयं उनके बैरिस्टर पति श्री इश्तियाक अहमद अब्बासी साहब के शब्दों में, "इनकी ये खुशकिस्मती थी कि घर की रखाइश और रहन-सहन पुराने जमाने की थी, इन्हें घर ही में तमीज़दारी और इखलाक की तालीम मिली। वालिद सैयद असगर हुसैन साहब एक अच्छे शायर थे, वालदा पढ़ी-लिखी तमीज़दार मिलनसार थीं, सारा शहर जिनकी सखावत से फायदा उठाता था।" बालिका अख़्तरी को बचपन से ही संगीत से कुछ ऐसा लगाव था कि जहाँ गाना होता, छुप-छुपकर सुनती और नकल करती। घरवालों ने पहले तो इन्हें रोकना चाहा; पर समुद्र की उत्तुंग तरंगों को भला कौन रोक सकता था! यदि कोई चेष्टा भी करता, तो शायद लहरों का यह सशक्त ज्वारभाटा उसे ही ले डूबता। उधर फैजाबाद के हालात भी कुछ ऐसे हो गए थे कि उनकी वालदा उन्हें मजबूरन वहाँ से लेकर कलकत्ता और बिहार के बीच रहने लगीं। देवदत्त प्रतिभा-सम्पन्न, किशोरी अख़्तरी ने फिर संगीत के जिस प्रथम सोपान पर पैर धरा, वहाँ से वह नीचे नहीं उतरी। स्वयं वाग्देवी ही प्रसन्न होकर, उस जिह्वा पर अपना चक्र आँक गई। अख़्तरी की रुचि का रुझान ठुमरी, दादरा, गजल की ही ओर अधिक था; किन्तु इतना वह जानती थी कि इसे कहने में सरल संगीत के पोंहचे की पकड़ के लिए पहले उन्हें ख्याल गायकी की ही बाँह पकड़नी होगी। उस्ताद अतामुहम्मद खाँ और वहीद खाँ की देख-रेख में, उनकी विधिवत् संगीत-शिक्षा आरम्भ हुई। केवल तेरह वर्ष की आयु में ही किशोर अख़्तरी ने कलकत्ते में पहली बार, 'बिहार रिलीफ फंड' के एक जलसे में भाग लेकर कलकत्ते के गुणी संगीत-प्रेमियों को मुग्ध कर दिया। उस दिन दूर-दूर के संगीतज्ञ आमंत्रित थे, किन्तु

सब जानते थे कि रिलीफ फंड के जलसे में पैसा नहीं मिलेगा, इसी से किसी को बुखार आ गया और किसी को हो गया उदर-विकार। फिर भी अनुष्ठान की आभा अख़्तरी ने एक क्षण के लिए भी म्लान नहीं होने दी। जिस सहज स्वाभाविकता से उस बित्तेभर की लड़की ने दम तोड़ते जलसे को केवल अपने कंठ की जादुई फूँक से बचा लिया, उसे देखकर सब दंग रह गए।

कला-मर्मज्ञ कलकत्ता, किसी अनुभवी जौहरी की ही भाँति, कलाकार को पहचान, रत्न का उचित मूल्य आँकना भी जानता था। उन दिनों प्रसिद्ध पारसी नाटक कंपनियों में कोरैंथियन कम्पनी का नाम विशेष रूप से उल्लेखनीय था। वही कम्पनी एक दिन अपना आकर्षक अनुबन्ध लेकर अख़्तरी के पास आई। उस समय के सबसे ख्याति-सम्पन्न नाटककार थे—आगा हश्र कश्मीरी, जिन्हें 'नाटकों का खुदा' और 'उर्दू का शेक्सपियर' कहा जाता था। उनके प्रसिद्ध नाटकों में से 'सैदे हवस', 'सफेद खून' आदि बड़ी सफलता से खेले जा चुके थे। अख्तरी के लिए यह एक कठिन चुनौती थी। उधर उस्ताद कहते थे, "अख्तरी, सोच लो, अगर तुमने इन नाटकों की दुनिया में कदम रखा, तो फिर संगीत के दरवाजे हमेशा-हमेशा के लिए तुम्हारे लिए बन्द हो जाएँगे। जिस कंठ के होनहार बिरवा के चिकने पातों को हमने अपनी तालीम से, इतनी मेहनत से सींचा है, वह एक दिन सूखकर मुरझा जाएगा।" स्वयं अख़्तरी भी जानती थी कि चटपटे गीत, फड़कते संवाद और जगह-जगह पर शेर-दोहों की भीड़भाड़ में वह एक दिन खोकर रह जाएगी, किन्तु दूसरी ओर सहज में उपलब्ध एक ऐसी लोकप्रियता उसकी ओर मैत्री का हाथ बढ़ा रही थी, जिसका आकर्षण भी किसी अंश में, संगीत-क्षेत्र की ख्याति से कम नहीं था। बड़े-बड़े शहरों और कस्बों में रंगीन इश्तहार—

'शीरीं-फरहाद', 'मेनका अप्सरा', जिसने मुनि विश्वामित्र की तपस्या भंग की, 'लैला-मजनूँ', 'श्रवण कुमार', 'मेनका', 'नूरेवतन', हवा में उड़ती परियाँ, पटाखा फटने पर उड़ता सिंहासन। इन चमत्कारिक दृश्यों का आकर्षण, उन्नीसवीं शताब्दी के लन्दन के 'ड्रूरी लेन' की साज-सज्जा से कुछ कम नहीं होता था। प्रायः नाटक मंगलाचरण से आरम्भ होता। साक्षात् गन्धर्व कन्या-सी अख्तरी के कंठ की मिठास, किसी भी पारसी नाटक कम्पनी के लिए, एक सुरक्षित बीमा बन सकती थी। इसी से उन्हें एकदम ही सात सौ मासिक वेतन का अनुबन्ध दिया गया। तब सोना शायद सोलह रुपये तोला था, इसी से अनुमान लगाया जा सकता है कि वह सात सौ तब किसी भी अंश में सात

हजार से कम नहीं थे। अख्तरी ने प्रस्ताव स्वीकार कर लिया और अपने अभिनय-जीवन के पहले नाटक आगा मुंशी दिल लिखित 'नई दुल्हन' के पूर्वाभ्यास में जी-जान से जुट गईं। छः महीने के कठिन परिश्रम के पश्चात् एक दिन उन्होंने प्रसिद्ध नाटक लेखक आगा महमूद को अपने ग्रैंड रिहर्सल पर आमन्त्रित कर, उनकी राय जाननी चाही। आगा महमूद के 'बिल्व मंगल' ने उन्हें उन दिनों ख्याति के सर्वोत्तम शिखर पर आसीन कर दिया था। उस समय की दो प्रसिद्ध रंगमंच अभिनेत्रियों—शरीफा और मिस गौहर—को आगा महमूद अपने नाटकों में तर्जनी के आदेश से निर्देशित कर चुके थे। उन्होंने रिहर्सल देखा। अख्तरी बड़ी आशा और उमंग से उनके पास आई। उसे अपनी अभिनय-कला पर पूर्ण विश्वास था, किन्तु उसके छः महीने के कठोर परिश्रम और साधना के दर्पण को आगा ने देखते ही देखते जमीन पर पटककर चूर-चूर कर दिया। "इस ड्रामे में जान नहीं है अख्तरी, मुश्किल से आठ दिन चलेगा।"

अख्तरी का दिल डूब गया। जिस क्षेत्र में उसने अपने संगीत-गुरु को अप्रसन्न करके ही चरण रखा था, वहाँ आकर भी क्या ऐसे मुँह की खानी होगी? न जाने कितनी रातों तक वह रोती रही। कभी सोचती, आज तक जिस उदार नाटक कम्पनी ने, घर बैठे ही उसे ऐसा ऊँचा वेतन दिया, वह ईमानदारी से लौटा दे और फिर कभी इस ओर मुड़कर भी न देखे। किन्तु उसकी वालदा ने समझाया, "नहीं बेटी, तुमने मेहनत की है, इंशाअल्ला तुम कामयाब रहोगी," और फिर वह रात, आज भी बेगम अख्तर को भुलाए नहीं भूलती। सुनाने लगती हैं, तो उस गरिमामय चेहरे से, विस्मृति का कुहरा सहसा छँट जाता है। दोनों आँखें, नाक की लौंग के बड़े हीरे की कनी-सी ही दमकने लगती हैं।

करनानी उन दिनों कलकत्ते का मशहूर मारवाड़ी सेठ था, जिसकी मुट्ठी में शहर की बड़ी-बड़ी थियेट्रिकल कम्पनियाँ थीं, उस दिन मैं 'नई दुल्हन' के लिए तैयार हो रही थी, तो वह भागता आया, 'अख्तरी, हमारौ तो हौल छोटो पड़ गयो, आदमी पर आदमी मीनार बनावे है।' अख्तरी की दीवानी दर्शकों की वह भीड़, तब क्या जानती थी कि स्वयं उनकी हृदय-साम्राज्ञी का हृदय किसी नन्हीं चिरैया के दिल-सा ही धड़क रहा है! क्या सफलता उसके चरण चूमेगी या आगा महमूद की निर्मम भविष्यवाणी, उसका उजला भविष्य धो-पोंछकर बहा देगी? "मैं अगर यह जान जाती,"—वे हँसकर कहने लगीं, "कि ऑडिऐंस में आगा हश्र और आगा महमूद भी बैठे हैं तो शायद बेहोश होकर गिर ही पड़ती।" पर सहसा एक सच्चे कलाकार के जन्मजात आत्मविश्वास ने अख्तरी

की झुकी गर्दन, सर्पगन्धा के फन-सी ही उठा दी। स्नेहशीला जननी का गम्भीर कंठस्वर, उसके कानों में गूँज उठा—"इंशा अल्ला तुम कामयाब रहोगी बेटी!" पूरे हॉल की बत्तियाँ बुझा दी गईं, नेपथ्य से फेंकी जा रही तेज रोशनी का केन्द्रबिन्दु बनी थी किशोरी अख्तरी, अपूर्व रूपयौवन-मंडिता वह किन्नरी जैसे किसी शून्य अन्तरिक्ष से अवतरित हो रही थी। मंगलाचरण के गायकों के बीच, उस नवोदिता तारिका को स्वयं प्रथम चरण गाते-गाते प्रवेश करना था—'जय-जय जगदीश्वर...'

"मुझे आज भी याद है," उस शान्त गम्भीर चेहरे पर सहसा स्मृति की झुर्रियाँ बिखर गईं—"उसकी बन्दिश सोहनी में थी, बाँधा था प्रसिद्ध संगीत-निर्देशक झंडे खाँ ने जिन्होंने मुझे विधिवत् गंडा भी बाँधा था। ये वे ही झंडे खाँ थे, जिन्होंने एक ही रागिनी भैरवी में साठ ऐसी अनोखी धुनों की सृष्टि की थी, जिसकी एक धुन भी दूसरे से नहीं मिलती।"

अख्तरी गा रही थी और पूरे हॉल में एक-एक दर्शक, मौन-मुग्ध खड़ा था। ये वे ही पारखी दर्शक थे, जो असंतुष्ट होने पर सीटियाँ बजा, कुर्सियाँ तोड़, अच्छे से अच्छे नाटक को भी बढ़ने से रोक सकते थे। ये वे ही दर्शक थे, जिन्होंने कभी नाटक में अपने प्रिय अभिनेता मास्टर निसार को न देख, ऐसा तूफान खड़ा कर दिया था कि बीमार मास्टर निसार, खटिया पर उठाकर स्टेज पर लाए गए और उसी हालत में उन्हें गाना पड़ा था।

मंगलाचरण, सदा किसी पक्के राग की धुन में ही बाँधा जाता था, किन्तु इस बार पक्की गायकी का जैसा कौशलपूर्ण निर्वाह किशोरी अख्तरी ने किया, वह स्वयं अपने में एक अनोखी मिसाल था। इस प्रकार पहले ही दिन लाख-लाख दर्शकों को अपना प्रशंसक बना, अख्तरी ने अपने आँचल की गाँठ में बाँधकर रख दिया। एक साल तक यह नाटक कलकत्ते की कलाप्रिय भीड़ को बाँधता रहा। 1936 में जब यही नाटक कम्पनी लखनऊ में अपना दलबल लेकर आई तो अख्तरी नाटक जगत् की एक प्रतिष्ठित द्युतिमान तारिका बन जगमगा रही थी। इधर सुगायिका के रूप में उसकी ख्याति दूर-दूर तक फैल चुकी थी।

यदि उस दिन, उस गायिका को, निजाम हैदराबाद का आग्रहपूर्ण निमन्त्रण न मिलता तो शायद आज की 'मलिकाए-तरन्नुम' और 'मलिकाए-तगज्जुल' (ठुमरी साम्राज्ञी एवं गजल साम्राज्ञी) 'मलिकाए-स्टेज' होतीं। उस बार कोरैंथियन कम्पनी, लखनऊ में अपना प्रसिद्ध नाटक 'लैला-मजनूँ' लेकर आई

थी। एक ओर नुमाइश के रंगीन लट्टू जगमगा रहे थे, दूसरी ओर कोरेंथियन कम्पनी का आलमगीर शामियाना—लगता था, रंगीन कलकत्ता का चलता-फिरता संक्षिप्त संस्करण ही डेरा गाड़कर रम गया था। मजनूँ बनी थी अख्तरी और लैला थी प्रेमलता। अख्तरी के लिए अभी भी संगीत उसका प्रथम प्रेम था और हैदराबाद निज़ाम का निमन्त्रण भी उर्वशी को दिया गया स्वयं मधवा का निमन्त्रण था। अख्तरी ने कम्पनी से पन्द्रह दिन का अवकाश माँगा, पर कम्पनी के लिए अख्तरी के बिना पन्द्रह दिन क्या, पन्द्रह मिनट का अवकाश भी घातक सिद्ध हो सकता था। उन्होंने उसका अनुरोध अस्वीकार कर दिया। ख्याति के तुंग आसन पर आसीना अख्तरी, कम्पनी के इस व्यवहार से क्षुब्ध हो उठी और उसने तत्काल अपना इस्तीफा भेज दिया। यही अख्तरी के साफल्यमंडित अभिनय-जीवन का पटाक्षेप था। हैदराबाद में उन्हें संगीत ने एक बार फिर बिछुड़ी सन्तान की भाँति गले से लगा लिया। अभूतपूर्व सम्मान एवं बहुमूल्य उपहारों से लदी वे लौटीं, तो उनका प्रत्यावर्तन, उन्हें उनके जीवन के सबसे सुखद मोड़ पर लाकर खड़ा कर गया। लखनऊ के एक समृद्ध परिवार में जन्मे, बैरिस्टर जनाब इश्तियाक अहमद अब्बासी, पद, कुल, व्यक्तित्व एवं आभिजात्य के ही धनी नहीं, हृदय के भी धनी थे। उनके मामा, चौधरी शफ़ीकुज़्ज़माँ साहब, संगीत-साहित्य-कला के गुणी मर्मज्ञ थे। आये दिन, भैया गनपत राव, ज़ोहरा बाई, कलकत्ते की गौहर जान आदि संगीतज्ञ उनके अतिथि बनकर आते और संगीत के जलसे चलते रहते। अपनी ननिहाल से ही अब्बासी साहब को संगीत-रसिकता विरासत में मिली थी।

इसी से, जब अख्तरी जैसी प्रसिद्ध गायिका उनके शहर में आई, तो यह कैसे सम्भव था कि वे उनका नाटक न देखते? यही नहीं, राजा साहब नानपारा ने अपने एक सहभोज में, उनका परिचय अख्तरी से कराया। और यही परिचय धीरे-धीरे घनिष्ठ मैत्री में परिणत हो गया। फिर एक दिन वह भी आया, जब दोनों ने बहुत सोच-समझकर अपने जीवन का सबसे महत्त्वपूर्ण निर्णय ले लिया। संसार में कुछ रिश्ते ऐसे भी होते हैं, जिन्हें चाहने पर भी तुच्छ मानव न तोड़ सकता है, न जोड़ सकता है। जन्म-जन्मान्तर का यह रिश्ता, स्वयं प्रकृति-पुरुष ही जोड़ता है। यह रिश्ता भी ऐसा ही दुर्लभ रिश्ता था। लक्ष-लक्ष संगीत-अभिनय-प्रेमी हृदयों की एकच्छत्र साम्राज्ञी अख्तरी अब केवल एक हृदय की निरंकुश साम्राज्ञी थी, वह भी एक ऐसे हृदय की, जिसका सिंहासन था हिरण्यमय। इस विवाह की पहले कड़ी आलोचना हुई। स्वयं अब्बासी साहब

के शब्दों में—"छह महीने तक पूरे लखनऊ में हमारी शादी के इस चर्चे को छोड़ और कोई चर्चा ही नहीं थी।" पर फिर बेगम ने, अपने निश्छल व्यवहार से, कड़े से कड़े शत्रु को भी मित्र बना लिया। किन्तु इस विजय के लिए उन्हें अपने जीवन की सबसे कठिन अग्नि-परीक्षा से अवतरित होना पड़ा। स्वयं उन्हीं के शब्दों में, "मैं अब घर की बहू थी, कहीं भी मेरा रिकार्ड बजता तो मैं सहम जाती। मेरी जो आवाज़, मेरी सबसे बड़ी पूँजी थी, वही अब मुझे सहमा जाती। इनकी मुमानी, भावजें, चची, सब सुनेंगी तो क्या कहेंगी," और फिर स्वयं पति ने ही उन्हें राय दी, "बिब्बो, अब तुम गाना भूल जाओ...।" एक पतिव्रता नारी की ही भाँति, उन्होंने कानूनी पति के इस आदेश को भी कानून मानकर ही ग्रहण कर लिया, पर धीरे-धीरे उन्हें लगा कि यदि उन्हें गाना छोड़ने के स्थान पर प्राण छोड़ने के लिए कहा जाता तो शायद अधिक सहज होता। अतीत की ये प्रशस्तियाँ, नाटक के प्रेक्षागृह की दीवारें ढहा देनेवाली प्रशंसकों की तालियों की गगनभेदी गड़गड़ाहट और संगीत की भूली-बिसरी धुनें...पर दूसरे ही क्षण, कुल की लज्जा, प्रिय सखा, सचिव-से संवेदनशील पति की सीख, उन्हें यथार्थ की कठिन धरणी पर खींच लाती। इसी बीच, उनकी वालदा अल्लाह को प्यारी हो गई—यह दूसरी चोट उन्हें तिलमिला गई। बाग में इनके दिलबहलाव के लिए एक छोटा-सा गार्डन हाउस बना दिया था, वहीं अपनी जननी की कब्र से लिपटी बेगम अख्तर घंटों रोती रहतीं। उनके पति से उनका दुःख देखा नहीं गया। यह केवल जननी के वियोग की ही मर्मांतक व्यथा नहीं थी, यह उनके प्रिय सखा संगीत के वियोग की तड़प भी थी। एक दिन उन्होंने स्वयं ही अपने प्राणों से प्रिय बिब्बो के लिए संगीत के बन्द द्वार खोल दिए।

...शर्तें केवल दो थीं :

एक : श्रोताओं के सम्मुख वे नहीं गाएँगी।

दो : रिकार्डिंग का जो भी पारिश्रमिक मिले, उसे स्वयं चाहे जैसे खर्च करें, घर के खर्चे के लिए, एक आदर्श पत्नी की भाँति, उन्हें पति की ही आश्रिता रहना होगा।

पहली शर्त निश्चय ही कठिन थी। तब विस्मृति के गूढ़ मंडप में रहने पर भी उनके प्रशंसक उस मायावी कंठ के जादू को नहीं भूले थे। खबर पाते ही 'आकाशवाणी' के श्री मल्होत्रा उन्हें सादर लिवाने आ गए।

"आप कार में जाएँगी, रिकार्डिंग होते ही कार आपको वापस पहुँचा

देगी।" ऐसा ही हुआ, सात वर्षों तक कंठ-कंटक से पीड़िता सारिका, एक बार फिर चहक उठी।

"जब टेप मुझे सुनाया गया," वे कहने लगीं तो एक क्षण के लिए वह स्मृति उन्हें विचलित-सी कर गई, "मेरे आँसू थमते ही नहीं थे, गाना था—'अब के सावन घर आ जा'।"

तीसरे ही दिन नेशनल प्रोग्राम का निमन्त्रण मिला, किन्तु वहाँ आमन्त्रित श्रोताओं के सम्मुख गाना अनिवार्य था, एक बार फिर आकाशवाणी ने हथियार डाल दिए। इस बार भी, एकान्त कक्ष में ही उनकी रिकार्डिंग हुई।

पर अखबारवाले कब चूकते! उन्हें आने नहीं दिया गया, लिहाजा उन्होंने भी बदला ले लिया यह सुर्खी छापकर—'बेगम फेल्स टु इम्प्रेस (बेगम का गायन प्रभावित करने में असमर्थ रहा)।

स्वयं उनकी दृष्टि में उन्होंने अपने जीवन का सबसे उत्कृष्ट प्रदर्शन किया था। "यह सब आपने किया," इस बार उन्होंने अखबार अब्बासी साहब के सामने धर दिया। "मैं अगर सबके सामने गाती तो यह सब बकवास कभी नहीं छपती।"

ठीक ही तो कह रही थीं वे। डाल पर चहकती बुलबुल और पिंजरे में बन्द चहकती बुलबुल के तराने क्या कभी एक-से हो सकते थे? संसार का कौन-सा कलाकार भला नहीं चाहता कि उसकी कला सराही जाए? अनाघ्रात पुष्प की ही भाँति, बिना सराही गई कला भी, एक न एक दिन मुरझाकर अरण्य ही में झर जाती है। इस प्रकार फिर उनके उदार सहचर ने अपना पहला अंकुश हटा लिया। कभी जिस कलकत्ते की महानगरी को किशोरी अख्तरी ने अपने किशोर कंठ की माधुरी से जीत लिया था, आज उसी कलकत्ते को उन्होंने एक बार फिर अपने प्रौढ़ कंठ के मदालस माधुर्य से विजित कर दिया। कलकत्ता कांफ्रेंस में ए. कानन, मीरा चटर्जी, गुलाम अली खाँ और विलायत खाँ के साथ प्रमुख आकर्षण थीं—बेगम अख्तर, जिनके मादक कंठ की मिठास, किसी समृद्ध सेलर में यत्न से संचित विदेशी पुराने आसव की ही भाँति, समय के साथ-साथ और भी महिमामय बन उठी थी।

दूसरी शर्त का पालन, वे आज भी बड़ी निष्ठा से करती चली आ रही हैं। पारिश्रमिक का चेक देखते ही देखते इधर-उधर बँट जाता है। लोग उस उदार महिला की दुर्बलता को पहचान गए हैं, किसी की बिटिया का ब्याह है तो किसी के बेटे का मर्ज। "कभी-कभी तो रेडियो स्टेशन के दरवाजे तक

पहुँचने से पहले ही, किसी से रुपया ले बाँट आती हैं।" अब्बासी साहब कहने लगे, "घर लौटने के लिए भी कभी तार कर घर से रुपया मँगवा लेती हैं।" यह शायद बहुत कम लोग जानते होंगे कि सांस्कृतिक स्तर पर अन्तर्राष्ट्रीय ख्यातिप्राप्त बेगम अख्तर, स्वयं उन्हीं के शब्दों में, "मैं स्टेज ही तक आर्टिस्ट हूँ, घर में हूँ सिर्फ बीवी।"

वे एक बीवी ही नहीं, एक आदर्श संस्कारशील गृहिणी हैं, जिनकी निष्कपट हँसी, सील सौजन्य पल-भर के पाहुने को सदा-सदा के लिए बाँधकर रख देता है। मुझसे यदि कोई महान् 'मलकिये-तरन्नुम' की सदाबहार मीठी आवाज का राज़ पूछे, तो मैं निश्चित रूप से यह संक्षिप्त उत्तर दूँगी, "उनका सुखी दाम्पत्य जीवन।" विदा लेते समय तो बड़े साहस से मैंने अपना अन्तिम प्रश्न पूछा, "अब्बासी साहब, आपने कहा था, कुछ रिश्वत दूँ तो एक ऐसी बात बताएँगे, जो कभी किसी को नहीं बताई।" बेगम अख्तर जोर से हँसीं, "बताइए ना, ऐसा कोई दिलचस्प वाकया...।" मैंने फिर उन्हें उकसाया–"आप किसी गाने का जिक्र कर रहे थे ना, जिसे सुनकर आपने अपनी शादी का अन्तिम निर्णय लिया था..."

सहसा उस प्रवीण वयस्क के गम्भीर चेहरे की सौम्य सुदर्शन कान्ति के बीच, मेरा प्रश्न अबीर-सा छिटका गया। रुक-रुककर उन्होंने उस ऐतिहासिक पंक्ति को दुहराया–

कोयलिया मत कर पुकार
करेजुवा लागे कटार...

सच कहती हूँ, अब्बासी साहब की आवाज, मुझे उस दिन बेगम अख्तर के लांग-प्लेइंग रिकार्ड से भी कहीं अधिक मीठी लगी, कहीं अधिक दिलकश!

बांधीश ना आर मायार डोरे

समझ में नहीं आता, कहाँ से आरम्भ करूँ! क्या चैन की उस स्निग्ध आलोकमयी सन्ध्या से, जब पितृगृह की बुन्देलखंडी राजसी हवेली के द्वार पर झूमते हाथियों के साथ मेरी बारात खड़ी हुई थी, ड्योढ़ी पर आम्रपल्लवों के रंगीन पन्नी लगे तोरणलोलकों के नीचे अपने उल्लसित आबनूसी चेहरों को कंठ-माधुर्य से रससिक्त कर रही थीं रियासत की लोकप्रिय गवनारियाँ ईदिया और कोयल—'हाथ धनुष बन्ना ठाँड़े री कोई जोड़ी तो मिला लो...'

कहाँ से आरम्भ करूँ? क्या उस स्पर्श से, जब पहली बार उन्होंने मेरा अँगूठा थामा था? या उस स्पर्श से, जब मृत्यु के एक दिन पूर्व गहन अन्धकार में छल-बल से छिपाई गई, कंठ में ही घुटती जा रही मेरी सिसकियों का आभास पा, पार्श्व के पर्यंक से अपनी प्रलम्ब भुजा बढ़ा मेरे काँपते हाथ को अपनी दुर्बल मुट्ठी में बाँध मुझसे निःशब्द विदा ली थी?

एक ओर हठीली लेखनी मचलती है उस विस्मृत क्षण को लिपिबद्ध करने के लिए, जब उत्सव और उत्साह के बीच, 'किं गोत्रं, किं प्रवरस्य, किं वेदाध्यायिनः, किं शर्मणः पौत्रीं, किं शर्मणः प्रपौत्रीम्' आदि के सगर्व घोषित शंखोच्चार के साथ मैंने पतिगृह की मर्यादा को स्वीकारा था।

और दूसरी ओर क्रूर नियति मुझे लेखनी सहित यथार्थ के कठोर धरातल पर खींच, सती घाट की हिमशीतल सीढ़ियों पर बैठा देती है। आषाढ़ के प्रथम बादलों की वर्षा गंगातट की सिकता को सिंचित करने लगी है। वर्षा से भीगी धरती की ऐसी ही सौंधी महक ने कभी श्रीराम के वेदना-विधुर हृदय को झकझोरकर बिछुड़ी सीता को कल्पना में सजीव कर दिया था।

एषा धर्मपरिक्लिष्टा नववारिपरिप्लुता।
सीतेव शोकसन्तप्ता मही बाष्पं विमुंचति।।

बांधीश ना आर मायार डोरे

धीरे-धीरे सीढ़ियाँ उतरती हूँ, कटि तक डूबी मेरी अवश देह सहसा काँप उठती है। हाथ में तिलांजलि देकर पंडित हरीरामजी मेरे आहत हृदय में अपने गम्भीर स्वर की पहली गोली दागते हैं—'चितादाहशमनार्थम्' । उनके चितादाह-शमन की कामना के साथ ही मेरी भीगी देह को पंडितजी का स्वर जिस अदृश्य धधकती चिता पर धर देता है, उस दाह का शमन संसार की कौन तिलांजलि कर सकती है?

जो नाम प्राणों से प्रिय था, उसी के आगे निर्ममता से प्रयुक्त 'प्रेत' शब्द की कर्णकटु आवृत्ति कलेजे में छुरी की तीखी फाल बार-बार भीतर तक घोंपकर बड़ी निर्ममता से घुमा देती है। जल में अर्धनिमग्न किशोर पुत्र के पितृहीन चेहरे के उदास प्रतिबिम्ब को उसी के हाथ से छोड़ी गई तिलांजलि विचलित कर देती है। पंडितजी का स्वर एक बार फिर कानों में गर्म सीसा उड़ेल देता है, "उनकी नित्य व्यवहृत वस्तुओं को भी यहीं प्रवाहित कर दीजिए..." एक-एक करके सारे स्मृति-चिह्न मुझे विदा देते चले जाते हैं। गंगा की उठती-गिरती तरंगों में विवश तिनके-सा बहता चश्मा पहननेवाले की करुण स्नेह-विगलित दृष्टि से ही मुझे विदा देने लगता है, तो आँखें फेर लेती हूँ।

सम्मुख है हरिद्वार की विस्तृत शिवालिक श्रेणी, उसके पीछे शून्य क्षितिज और गंगावक्ष से उठती एक आर्त हाहाकार ध्वनि, जो बार-बार मेरी भीगी देह को झकझोरकर कहती चली जा रही है—कल तक तू राजमहिषी थी, आज है गतवैभवा, निर्धूतकेशा पथ की भिखारिन! विधाता किसी भी नारी को इससे बड़ा दंड और दे भी क्या सकता है?

किन्तु मेरे लिए उसका दंड और भी असह्य हो उठा है। वैधव्य-तक्षक ने मुझे ही नहीं डँसा, मेरी लेखनी की भी चेतना हर ली है। आज तक मेरी कहानी या उपन्यास की कौन-सी नायिका, कौन-सा पात्र उन्हें अपना परिचय दिए बिना मेरे पाठकों से मिलने की धृष्टता कर सका था! मेरे उपन्यास के न जाने कितने अंश उन्हीं के सुलझे विवेक की कैंची ने काटकर बहा दिए थे कि 'तुम्हारी लेखनी से यह सब लिखा जाए, यह मैं नहीं चाहता...' मैंने पति ही नहीं खोया, एक सुहृद् पाठक, एक गुणी आलोचक भी खो दिया है।

इसमें कोई सन्देह नहीं कि पृथ्वी में बिरले की युग्मात्मा यथार्थ के साथ विवाह-सूत्र में आबद्ध होते हैं। युग्मात्मा के साथ यदि मन का मिलन नहीं हुआ, तो पति-पत्नी यथार्थ सुख का उपभोग कभी नहीं कर सकते। जब तक देह और मन का सम्यक् मिलन न हो, तो वह यथार्थ में मिलन नहीं कहा जा

सकता; किन्तु यदि ऐसा मिलन हो जाए, तो उस विच्छेद की व्यथा भी फिर साधारण व्यथा नहीं होती।

कहते हैं कि मृत्यु का पूर्वाभास इने-गिने लोगों को ही मिलता है; किन्तु मुझे तो बार-बार यही लगता है कि मृत्यु इतनी हृदयहीन नहीं है। किसी-न-किसी रूप में जानेवाले के साथ-साथ उसके परिवेश को भी चेतावनी दे जाती है। उन्हें भी यह चेतावनी मिल गई है, यह मैं उस विवश करुणा-विगलित दृष्टि को देखते ही समझ गई थी। जीने की तीव्र इच्छा अन्त तक बनी रहने पर भी जब रोग-यन्त्रणा से कातर उन हरिद्राभ आँखों का स्मरण करती हूँ, कलेजे को कोई पकड़कर निचोड़ देता है। कोई निर्मम कसाई जैसे गले की डोर पकड़, पैर अड़ाते विवश-मूक प्राणी को वध के लिए खींचता ले जा रहा था।

मृत्यु के पूर्व बुझते दीये की सहसा तीव्र हो गई लौ ने मुझे भी आश्वस्त किया था। शरीर भरने लगा, प्रियदर्शी चेहरा एक बार फिर ज्योतिर्मय हो उठा, लगभग ध्वंस हो चुके यकृत की कालिमा से जीर्ण चेहरा फिर अपने चिरपरिचित स्निग्ध स्मित से उद्भासित हो उठा; किन्तु मैं फिर भी नहीं समझ पाई कि प्रदीप की निष्कम्प लौ मुझे छलती चली जा रही है। दिल्ली के विशेषज्ञों को दिखाकर मैंने आयुर्वेद की शरण ली थी। मुझे एक सुयोग्य वैद्य भी मिल गए थे, किन्तु 'कालस्यकुटिला गतिः' के आगे वैद्य भी क्या करते? वे भी तो आयु नहीं दे सकते।

फिर भी मैं 'न वैद्यः प्रभुरायुषः' की कटु सत्यता को जानबूझकर भुला गई। दिनभर पुनर्नवा, अश्वगन्धा, ठकपन्ना, गजपीपल और गिलोय ढूँढ़ने में सूर्य न जाने कब पंख लगाकर उड़ जाता। फिर बड़ी-सी कड़ाही में गोमूत्र में पकता हुआ अवलेप अपने तप्त छींटों से मुझे जला-जलाकर धैर्यच्युत कर देता; पर मैं भी उनके विषम रोग से डटकर मोर्चा ले रही थी।

देखते-ही-देखते उस कष्टसाध्य उपचार ने सचमुच उनका कायाकल्प कर दिया। खाने को उन्हें मिलती थी केवल जौ की रोटी, मूँग की दाल और अंगूर। मैं भी वही पथ्य खा रही हूँ, यह देख वे मुझे नित्य टोकते, "तुम क्यों धृतराष्ट्र की गांधारी बन रही हो! अपने लिए और कुछ क्यों नहीं बनवा लेतीं?"

मैं कहती, "वाह! खूब कहा आपने! आप यह चरी-भूसा खाएँ, और मैं छप्पन व्यंजन खाती आपकी लार टपकती देखती रहूँ! क्यों, यही चाहते हैं आप?" प्रियदर्शी चेहरे पर फिर स्निग्ध स्मित का जाल बिखर जाता।

उन दिनों वे पूज्य हजारीप्रसादजी का 'पुनर्नवा' पढ़ रहे थे। आधी ही पढ़ पाये थे कि किसी मित्र से माँगकर लाई हुई वह पुस्तक लौटानी पड़ी। मैंने एक दिन हँसकर कहा, "एक तो पुनर्नवा भी आपने आधी ही पढ़ी, उस पर पुनर्नवा की जड़ भी आजकल ढूँढ़े नहीं मिल रही है। फिर भी देखिए ना, आधी ही औषधि का कैसा चमत्कार है!" तब मैं क्या जानती थी कि हँसी-हँसी में लगाई गई मेरी जलमुँही दीठ मुझे ही खा जाएगी!

अपनी समग्र दुश्चिन्ता भूल-बिसर हम दोनों एक बार फिर उजले भविष्य के सुनहरे चित्र आँकने लगे थे। रोग-यन्त्रणा की दुःस्मृति को भविष्य की उज्जवल कल्पना ने झाड़ू लगाकर बुहार दिया। यौवन के जो-जो स्वप्न अधूरे थे, उन्हें जीवन की प्रौढ़ गोधूलि में साकार करने की योजना प्राणों में न जाने कौन-सी स्फूर्ति का संचार कर गई। बाहर लू चलती; किन्तु कल्पना हमें जन्मभूमि की जिस शीतल छाया में खींच ले जाती, वहाँ फिर हमने देखते-ही-देखते नन्हा-सा काल्पनिक बंगला खड़ा कर दिया था।

"हमारी वयस के अनुसार ही इस बंगले में हमारी प्रौढ़ता और अनुभवकुशलता परिलक्षित होगी। यह नहीं कि आजकल के-से टिपरे फ्लैट हों। गरुडषोडशभागिकवास्तु के प्रासाद-लक्षणों के अनुसार हमारे भवन की ऊँचाई भित्तियों की ऊँचाई से दोगुनी होगी। चार-चार हाथ चौड़े द्वार होंगे—'कराग्रं वेदवत्कृत्वा।' क्या पता, तुम्हारे अवकाश और आरोग्य का सुख मुझे किसी दिन गजगामिनी ही बना दे और सँकरे द्वार से तिरछी देह निकालनी पड़े?" मैं कहती।

"तुम्हें तो आर्किटेक्ट बनना था। कहानी से अच्छा, मकान बनाकर कमा लोगी।" वे कहते।

दिन-रात मैं अपने भावी भवन-निर्माण की योजना बना रही थी। बड़े-से काल्पनिक प्रांगण में बर्फ की धपधपी तह बिछी थी, लड़कियाँ ससुराल से आ गई थीं और बर्फ के गोले मारते मेरे नन्हे दौहित्र-दौहित्री ठीक वैसे ही किलकारियाँ मारते खेलने लगे थे, जैसे कभी उनकी माँ खेलती थीं।

"बेटे की शादी होगी तो मैं कुछ भी नहीं लूँगी, समझे? फ्रिज, टेलीविजन, कालीन, सोफे के सपने मत देखने लगना कहीं।"

"और कहीं बेटा नमाज़ पढ़नेवाली या इतवार के दिन गिरजाघर जानेवाली बहू ले आया, तब?" उन्होंने मुझे छेड़ दिया तो मैं बौखला गई थी, "बस, यही आदत तुम्हारी मुझे नापसन्द है। जहाँ मौका लगा, तुरुप लगा दी।"

आज बिना सूत-कपास के जुलाहे से लट्ठमलट्ठा वाले उस व्यर्थ प्रसंग को स्मरण करती हूँ तो लेखनी आगे नहीं चलती। तब कौन कह सकता था कि पुत्र के भावी विवाह को लेकर चल रही हमारी उस दाम्पत्य मधुर नोंक-झोंक को सुन मन-ही-मन मुस्कराती मृत्यु सौत की भाँति मेरे सौभाग्य को अपनी बाँहों में घेर उनके सिराहने बैठ गई है!

ठीक आठवें दिन के बाद ही विषम उदर-शूल ने उन्हें तड़पा दिया। जिन्होंने सुदीर्घ व्याधि की कठोर यन्त्रणा को भी नतमस्तक निःशब्द झेल लिया था, उनका वह तड़पना मुझसे देखा नहीं जा रहा था। फिर भी मैंने अपने शोकविह्वल चित्त की एक भी आशंका को चेहरे पर नहीं आने दिया। वैद्य आए, नाड़ी देखकर उन्होंने दवा दी और कुछ ही घंटों में बहुरूपिया कुटिल काल ने फिर कलेवर बदल लिया। आँखों में परिहास की चमक ने मुझे एक बार फिर आश्वस्त कर दिया। सम्भावित पहाड़-यात्रा की रूपरेखा-योजना में वे महान् उत्साह से जुट गए।

किन्तु मैं फिर अन्त तक अपने अवसन्न-शंकित चित्त को आश्वस्त नहीं कर पाई। उठते-बैठते, सोते-जागते जिस अदृश्य रहस्यमयी की भयावह उपस्थिति मुझे रह-रहकर सहमा रही थी, उसे मैं न देखने पर भी ठीक-ठीक पहचान रही थी। फिर भी मैं उन्हें गुदगुदाने की मर्मांतक चेष्टा करती रही। उस चेष्टा में स्वयं मेरे कंठागत प्राण कभी सिसकियों में फूट उठने को व्याकुल हो उठते; किन्तु फिर मैं अमानवीय प्रयास से अपने को संयत कर लेती।

वैद्यजी ने उन्हें ऊँट का दूध पिलाने का आदेश किया था, “सिरोसिस में कभी-कभी यह औषधि रामबाण-सी सिद्ध होती है,” उन्होंने कहा। मैं तो उसी के लिए भागदौड़ करने लगी। मुझे पता लगा था कि सार्वजनिक निर्माण विभाग की किसी सड़क-योजना के अन्तर्गत सत्रह ऊँटों का एक दल शहर में आया है। भागती-भागती गई तो पता लगा, सत्रह के सत्रह ऊँट हैं, ऊँटनी एक भी नहीं। मैं दिन डूबे निराश होकर लौटी तो वे चिड़चिड़ाकर मुझ पर बरस पड़े, “क्या हुआ? मिला ऊँट का दूध? बेकार में अपने को थकाती फिरती हो!”

मैंने उन्हें जरा गुदगुदाने की चेष्टा की, “मैं क्या जानती थी जी, कि ऐसा अरसिक काफिला होगा! सब परिवार-नियोजन वाले ऊँट निकले, ऊँटनी साथ लाए ही नहीं!” परन्तु मेरी रसिकता सूखी रेत में पड़ी प्रथम वर्षा-बिन्दु-सी सूखकर रह गई। वे नहीं हँसे, और भी जले-भुने स्वर में बोले, “मैंने कह दिया है, ऊँट का दूध मिल भी गया तो मैं नहीं पिऊँगा...”

उनके चेहरे के तनाव को देख फिर मैंने अपना वह अनुभूत नुस्खा आजमाया, जो कभी-कभी अपने पाठकों को गुदगुदाने के लिए आजमाया करती थी, "ठीक भी तो है," इस बार मेरा स्वर उनसे भी अधिक गम्भीर था, "बोलते तो आप वैसे ही कम हैं उस पर कहीं ऊँट का दूध पी लिया, तो न जाने किस करवट बैठेंगे!" उसी क्षण उनकी चिड़चिड़ाहट हँसी की उज्ज्वल फेनिल शत-सहस्र धाराओं में बह गई! जो भी मिलने आता, उसे मेरा ही व्यंग्य सुनाते।

फिर उसी हँसी-खुशी के बीच उनके एक बाल्यकाल के उच्चपदस्थ मित्र की उदासीनता और रूखा व्यवहार उन्हें क्षुब्ध कर गया। अवकाश प्राप्त करते ही आवास की चिन्ता उन्हें बुरी तरह सताने लगी थी। चिन्ता उन्हें अपनी नहीं थी, यह भी मैं खूब समझ गई थी। मन-ही-मन उन्होंने आसन्नमृत्यु की पदध्वनि सुन ली थी। जिसे जीवन-भर के लिए अकेली छोड़कर जा रहे थे, उसी की चिन्ता उनके उर-अन्तर् में धुधुवा रही थी।

जिस आवास में हम रहते आए थे, वह नियमानुसार उन्हें संयुक्त सचिव के पद पर रहने तक के लिए मिल सकता था; किन्तु मैं जानती थी कि अनेक पत्रकारों को भी वैसे ही आवास 'एलॉट' हुए हैं। मैं मुख्यमन्त्री से मिल चुकी थी। इसी बीच उनके वे ही उच्चपदस्थ मित्र मुझे मीठा आश्वासन दे गए, "तुम निश्चिन्त रहो, मैं सब देख लूँगा।"

इधर मानसिक चिन्ताओं ने उनके विषम रोग को फिर उभार दिया। मैंने जब उन मित्र को देखने की उनकी उत्कट इच्छा देखी, तो चुपचाप उन्हें फोन कर दिया। मेरा नाम सुनते ही उन्होंने जिस बेरुखी से फोन पी.ए. को दे दिया, उससे मुझे गहरा आघात लगा। न चाहने पर भी मैंने उस अशिष्टता का उल्लेख उनसे कर दिया। उनका चेहरा कठोर हो गया, "तुमने फोन क्यों किया? अब वह आए तो तुम हट जाना, मैं उससे खुद निबट लूँगा।" मैं पहली बार उनका वह उग्र रूप देख रही थी।

अपने सहिष्णु पति की आहत मैत्री का प्रतिशोध लेने के लिए उसी क्षण कमर कस ली, "अभी जाती हूँ, और देख लीजिएगा, कैसी-कैसी जली-कटी सुनाकर उन्हें धूल चटाती हूँ।" हँसकर उन्होंने मुझे शान्त किया, "प्रतिशोध ऐसे नहीं लिया जाता, एक दिन स्वयं उसका ही अन्तःकरण उससे मेरा प्रतिशोध ले लेगा।"

तीस वर्षीय साहचर्य में मैंने उनसे कितना कुछ सीखा!

विपदि धैर्यमथाभ्युदये क्षमा
सदसि वाक्पटुता युधि विक्रमः।
यशसि चाभिरुचिर्व्यसनं श्रुतौ
प्रकृतिसिद्धमिदं हि महात्मनाम्।।

क्रोध आता तो वे मौनव्रत धारण कर लेते और व्रत भी ऐसा कठोर कि लाख सिर पटको, तब तक नहीं बोलेंगे, जब तक क्रोध की अन्तिम तरंग भी शान्त होकर नहीं बैठ जाए। परनिन्दा होने लगती, तो उठकर बाहर चले जाते। मुझे कभी-कभी बड़ा क्रोध आता। मेरे प्रत्येक अविवेकी उपालम्भ का उत्तर देती थी उनकी स्निग्ध हँसी। कठिन-से-कठिन परिस्थितियों में भी मैंने उन्हें कभी धैर्यच्युत होते नहीं देखा। भ्रष्ट अनुशासन के गर्म लोहे से दागे जाने पर भी उन्होंने अन्त तक अपनी कर्तव्यनिष्ठा नहीं त्यागी।

एक बार एक वरिष्ठ मन्त्री का व्यंग्यपूर्ण उपालम्भ टेलीफोन के आले से निकल मेरे कानों तक पहुँच गया, "शुकदेव, तुम तो मेरे लिए दुखदेव बन गए हो भाई!" स्पष्ट था कि उनके किसी अनुचित आदेश की अवहेलना की गई थी।

"आप सर्वशक्तिसम्पन्न हैं," उनका स्वर उतना ही नम्र था और उतना ही ठंडा, "आप लिखकर आदेश करें, मैं पालन करूँगा। अपनी कलम से मैं गलत काम नहीं कर सकता। मुझे क्षमा करें..." किन्तु ऐसे अक्षम्य अपराध क्या कभी क्षमा किए जा सकते हैं? फलस्वरूप जीवन में उन्हें कभी ऊँची विभागीय जागीर न मिली।

पदलोलुपता की तृष्णा ने कभी उनके चित्त को तो दग्ध नहीं किया, किन्तु मैं कभी-कभी उनके प्रति किए गए अन्याय से बौखला जाती। एक-से-एक अकर्मण्य आदमी उनसे ऊपर उठते चले जाते, तो मैं सहन नहीं कर पाती, "क्या खाक दिया आपकी ईमानदारी ने? फलाँ को देखिए, क्या ऐश कर रहा है! लाखों की कोठियाँ बना ली हैं। कौन-सा पाप छूटा था उससे? आप कहते हैं, बेईमानी कभी नहीं फलती...।" जिस व्यक्ति पर मेरा उचित आक्रोश था, वह कभी विपत्ति के कठिन क्षणों में हमारी जन्म-कुंडली का दुष्ट ग्रह बन हमें मृत्युतुल्य कष्ट दे गया था।

"क्यों दुखी होती हो, एक दिन स्वयं ही अपनी करनी का फल भोगेगा!" उन्होंने यह कहा तो मैं अविश्वास में बड़बड़ाती ही रही थी; परन्तु सचमुच एक दिन जब उसकी काली करनी का वर्णन और उसके पदच्युत किए जाने

का समाचार अखबार में बड़े-बड़े अक्षरों में छपा तो उन्होंने निःशब्द अखबार मेरी ओर बढ़ा दिया। मेरा बस चलता, तो बताशे बाँट आती; पर उन्हें फिर भी अभागे पर दया ही आई, "इस उम्र में बेचारे को कुछ कठोर दंड ही दे दिया गया है।" मैं तिलमिला गई, "भाड़ में जाए उसकी उम्र! भूल गए आप वे दिन, जब आपके ऑपरेशन के दूसरे ही दिन उसने हमें अविलम्ब बंगला खाली करने का नोटिस दिया था?" किन्तु उनके होंठों पर वही परमहंसी मुस्कान थी।

यह भी विधि की कैसी विडम्बना है कि मानव को रह-रहकर अतीत की वे ही स्मृतियाँ अधिक मारती हैं, जिनमें स्वयं उसके दौर्बल्य का प्राधान्य हो! मृत्यु के चार दिन पूर्व, एक दिन उन्होंने आधी रात को मुझे जगाया, "उठोगी नहीं? सुबह हो गई है, चिड़ियाँ बोल रही हैं। चाय बना दो तो एक कप..."

मैंने हाथ की घड़ी देखी और झल्ला पड़ी, "आप भी बस न सोएँगे, न सोने देंगे। रोज आधी रात को जगा देते हैं। ढाई बजा है, सो जाइए।" और मैं करवट बदलकर सो गई।

...उन दिनों मुझे जाने कैसी नींद आती थी। तकिये पर सिर रखते ही मैं गहरी नींद में डूब जाती। उनके तीव्र गति से सुधरते स्वास्थ्य ने मुझे आशा से अधिक आश्वस्त कर दिया था। शायद मुझे दृढ़ विश्वास हो चला था कि मैंने उनके असाध्य रोग को अब पछाड़ दिया है। अब जब मेरी महरी कहती है, "बहूजी, तुम्हें जम पकड़े रहिस," तब सोचती हूँ, ठीक ही कह रही है यह। यम ने ही शायद मुझे कसकर पकड़ लिया था कि कहीं सावित्री की भाँति अपने सत्यवान को मैं भी न रोक लूँ।

...उन्हें डपटकर सो तो गई, पर चौके की खटपट सुनी तो हड़बड़ाकर उठ बैठी, और देखा, स्वयं उठकर गैस जला उन्होंने चाय बना ली है और निस्तब्ध रात्रि के शून्यान्धकार में चुपचाप टहलते हुए चाय पी रहे हैं।

आज जम ने मुझे एकदम ही मुक्त कर दिया है और इस निद्राविहीन विभावरी की निस्तब्धता को भंग कर मुझे जगानेवाला भी कोई नहीं है; पर नक्षत्र-खचित व्योम पर तिरते मेघखंडों के साथ-साथ उड़ता मेरा अशान्त चित्त न जाने कब निःसीम शून्य का पीछा करता बड़ी दूर निकल जाता है और साथ-साथ चलती है, हाथ में प्याला लिए वह क्लान्त-अवसन्न छाया।

अवसाद के वे क्षण ही सबसे मारक होते हैं, जब चाहने पर आँसू नहीं निकल पाते। रक्त न बहने से जैसे नीली गुम चोट और भी असह्य हो उठती

है, वैसे ही अश्रुहीन हृदय की यह गुम चोट, छूते ही पके फोड़े-सी टीसने लगती है। प्रतिपल, प्रतिक्षण न जाने कितनी भूली-बिसरी घटनाओं का स्पर्श उस चोट को बार-बार दुखा जाता है, और अब तो जीवन-भर ही यह वेदना झेलनी होगी।

किसी सद्योदृष्ट दुःस्वप्न की भाँति ही विच्छेद का वह अन्तिम दिवस अब मेरी प्रत्येक रात्रि का दुःस्वप्न बनकर रह गया है। बार-बार मेरा हाथ पकड़कर उठने की चेष्टा में उनकी मुट्ठी का वह तप्त स्पर्श रात में न जाने कितनी बार मुझे चौंका देता है। तीन दिन पूर्व, बड़ी जिद से मुझे स्वयं पहनाई हाथ-भर चूड़ियाँ, जाने के दिन उन्हें ही उठाने में चूर-चूर हो गईं, तो मन की आशंका ने चोर के-से कान खड़े कर लिए थे। यह क्या हो गया? क्या किसी भावी अनिष्ट की सूचना दे गया है विधाता?

पर मानव भी क्या अन्त तक हार मानता है? मन-ही-मन मैंने स्वयं अपने सहमे चित्त को समझाया—एक चूड़ी तो रह गई, यदि कुछ अनिष्ट ही होने वाला होता तो सब चूड़ियाँ टूट जातीं। किन्तु उस चूड़ी को भी केवल पाँच घंटों की मुहलत मिली है, यह मैं तब जान गई, जब कसकर पकड़ा गया मेरा हाथ स्वयं ही उनकी शिथिल मुट्ठी से विलग हो गया।

तीस वर्ष पूर्व, ऐसे ही ब्राह्ममुहूर्त की आगमनी के साथ जिस कर-स्पर्श ने मुझे जीवन-भर साथ चलने का मधुर आह्वान दिया था, आज वही कर-स्पर्श अपने विवश शैथिल्य से मुझे मृत्युदंड दे गया, और मृत्युदंड भी कैसा? यन्त्रणा-कक्ष में तिल-तिल कर घुल-घुलकर मरने का कठोर मृत्युदंड!

अपने टूटते स्वास्थ्य से ऊबकर वे कभी लम्बी साँस खींचते, "लगता है, अब नौकरी के साथ-ही-साथ जीवन से भी अवकाश लेना पड़ेगा।" मैं तिलमिलाकर अहंकार-दीप्त स्वर में कहती, "जाइए जी, आए हैं बड़े अवकाश लेनेवाले! पुण्य कर ही पृथ्वी पर आई हूँ—देख लीजिएगा, आप ही के कन्धों पर चढ़कर जाऊँगी।" किन्तु कन्धे चले गए, मैं रह गई।

आज अपने दाम्पत्य-जीवन की छोटी-छोटी त्रुटियाँ भी किसी नुमाइशी दर्पण में प्रतिबिम्बित विराट् दैत्याकार छायाओं की भाँति मुझे सहमाने लगती हैं। न जाने कितनी बार मेरे अविवेक ने उनके शान्त क्षमाशील चित्त को दुखाया है। उन सब स्मृतियों के बीच एक प्रखर स्मृति आज मुझे बार-बार विचलित कर रही है। गत वर्ष रवीन्द्र-जयन्ती के एक समारोह में मैं अपने शान्तिनिकेतन के संस्मरण सुना रही थी। उसी समय सन्दर्भ में मैंने अपनी

प्रिय पंक्तियों की आवृत्ति की थी :

आमार जाबार समय होलो
आमाय कैनो राखीश धरे—
चोखेर जलेर बांधन दिये
बांधीश ना आर मायार डोरे
फूरिये छे जीवनेर छूटी
फिरिये ने तोर नयन दूटी
नाम धरे आर डाकीश ना भाई
जेते हबे त्वरा करे...

(मेरे जाने की बेला आ गई है, मुझे अब क्यों पकड़ते हो? आँसुओं की मायाडोर से मुझे मत बाँध, अपनी आँखें फेर ले। जीवन की छुट्टी समाप्त हो चली है, अब मुझे नाम लेकर मत पुकार। मुझे जल्दी ही जाना है।)

घर आकर उन्होंने मुझसे ये पंक्तियाँ फिर सुनी थीं। आज मुझे लगता है, स्वयं मेरे ही मुख से उन पंक्तियों की पुनरावृत्ति कराकर वे उसी दिन मुझसे कह गए थे—'बांधीश ना आर मायार डोरे।'

ताजमहल, अमरूद या भाभी

बहुत वर्षों से बिछुड़ी, अपनी एक पंजाबी सहपाठिनी से उस दिन अचानक मेट्रोपोल के पास भेंट हो गई। मैंने तो पहचाना भी नहीं, उसी ने लपककर दोनों हाथ झकझोर दिए। जिसके साथ कई वर्ष हॉस्टल के एक ही कमरे में बिताए थे, बिना झिझक उसकी साड़ियाँ पहनी थीं, लड़ी थी, झगड़ी थी, उसी को अचानक ऐसे देखकर मैं चेष्टा करने पर भी झिझक की केंचुली नहीं उतार पाई। शायद अत्याधुनिक सज्जा में सँवरी, उसकी सहचरी की उपस्थिति से ही मैं अस्वाभाविक रूप में नम्र हो उठी थी, "अरे, आप यहाँ कैसे?" मैंने कहा।

"अच्छा, मैं भला 'आप' कब से हो गई?" उसने हँसकर उस विदेशिनी-सी दिखनेवाली छरहरे शरीर की सुन्दरी को मेरी ओर धकेल दिया, "लो, पहले इससे मिलो, मेरी भाभी, चाँद भैया की बहू।"

परिचय के साथ ही चाँद की चन्द्रिका ने मेरी ओर कुल्हाड़ी चलाने की मुद्रा में एक रूखा-सा नमस्कार मार दिया।

वही नन्हा-सा सरदार चाँद, जो प्रायः ही खस्ता मट्ठियाँ और शलजम का 'भाइयोंवाला अचार' लेकर अपनी बहन से मिलने हॉस्टल आता और अपने छोटे-से जटाजूट और वंशी-से गले के स्वर के जादू से हॉस्टलवासिनियों का मन मोहता रहता। उसी चाँद की ऐसी ठसकेदार बहू? "क्या भूल गई चाँद को?" मनजीत ने पूछा।

"भूलूँगी क्यों?" पर मनजीत की भाभी को देख, सहम अवश्य गई थी।

मुझे लगा, मनजीत की भाभी ही नहीं, भारत की भाभी की ही सम्पूर्ण सरस व्याख्या का रूपान्तर हो गया है। कहाँ गईं वे भाभियाँ, जो ननद-देवर को अपनी ठिठोली से सराबोर कर देती थीं? होली की आगमनी को रसीले देवर को गोबर की गुझिया खिला, चेहरा कोलतार से रँग लंगूर बनाकर धन्य

करनेवाली भाभी क्या सचमुच नहीं रहीं?

आज की 'हाइब्राउ' भाभी भला ऐसे सस्ते मजाक करने की धृष्टता कर सकती है?

कहाँ गईं वे भाभियाँ, जिनकी उपस्थिति फागुनी बयार के हर झोंके में अबीर-गुलाल की चुटकियाँ छोड़ देती थीं, जिनकी रसवन्ती मूर्ति को केन्द्रित कर होली की काफी का प्रत्येक सम, साकार होकर गूँज उठता था :

आपनो वीरन मोहे दे री ननदिया
मैं होली खेलन
जाऊँ वृन्दावन...

भाभी का स्नेही वात्सल्यमय आनन्दी व्यक्तित्व क्या सचमुच ही विलुप्त होता जा रहा है? इस विचारणीय प्रश्न को सुलझाने के प्रयत्न में कई उलझी गुत्थियों का जाल बिखर उठता है। जिस सदियों पुराने पेड़ की जड़ में ही घुन लग गया है, उसकी शाखा-प्रशाखाएँ भला कैसे पनप सकती हैं? आज कितने गृहों में सफ़ेद सन-से केश और पोपले दाँतों की महिमा बची रह गई है! क्या आज हमारे गृहों के शासन की सत्ता, अनुभवी दादी-नानियों के हाथ में रह गई है?

लगता है, संयुक्त परिवारों की टूटी प्राचीरों के नीचे हमारी प्राचीन संस्कृति की अमूल्य निधि दबकर मूल्यहीन मलबा बनती जा रही है और किसी को इसकी चिन्ता नहीं है। यहाँ तक कि संस्कार गीतों के आरम्भ में भी पहले की भाँति, बन्ने के ताऊ 'हजारी' का कहीं उल्लेख नहीं रहता, अब तो 'बन्ना मेरा मचला है मोटर लेगा' और मोटर के साथ-साथ श्वसुर के प्राण लेनेवाले इस नवीन बन्ने ने भी भाभी का महत्त्व भुला दिया है। अब बारात चलते समय, कोई भूली-भटकी भाभी यदि देवर की आँखों में काजल लगाने की धृष्टता करेगी भी, तो मुँह की ही खाएगी, फिर जो भाभियाँ स्वयं ही काजल की महिमा भूल, 'आइब्राउ' पेन्सिल से खंजन नयन बना लेती हैं, वे भला दूसरे की आँखों में क्या काजल लगाएँगी! अब तो सूरदास की पंक्ति 'अंजन थिर न रहत अँखियन में' की व्याख्या का प्रश्न ही नहीं उठता।

भाभी! कितना नन्हा-सा सम्बोधन पर कितनी विशद व्यापक व्याख्या का भार समेट लेता है यह! वात्सल्य में स्वयं जननी, किन्तु जहाँ जननी की उपस्थिति में भी प्रत्येक रहस्य निस्संकोच होकर नहीं उगला जा सकता, वहीं पर समवयस्का हो या बड़ी भाभी ही स्वयं ऐसे अवसरों पर प्रिय सखी, सहोदरा

और सचिव का पद ग्रहण कर लेती है। वैसे लोकगीतों में 'बैरिन ननदिया' या 'भाभी हमारी जन्मों की बैरन' का उल्लेख मिलता है, पर मुझे तो अब भी इससे मीठा सम्बोधन और कोई नहीं लगता।

आज इसी विलुप्तप्राय सम्बोधन के साथ-साथ एक विस्मृत धुँधली आकृति बार-बार मेरी लेखनी पकड़ रही है।

भव्य गाम्भीर्यमण्डित गौर मुख-मण्डल, रेशमी पलकों से ढँकी बड़ी आँखें जिनका सौन्दर्य बहुत मोटे फ्रेम का चश्मा भी अन्त तक नहीं हर पाया, मँझोला कद और आकर्षक व्यक्तित्व। वैसे यदि देखा जाए तो चेहरे की बनावट में असाधारण कुछ भी नहीं था; किन्तु प्रशस्त गौर ललाट की दमक, आँखों में गहन आध्यात्मिक मनन-पठन की दीप्ति और संयमित भाषण बरबस ही देखने वाले को उनकी ओर आकृष्ट कर लेता था।

स्वर्गीया शोभा भाभी का वही बंगला आज सोलह वर्ष पश्चात् देखकर लौटी हूँ, जिसमें उनके साथ बिताए तीन वर्षों की सुखद स्मृतियों ने पहाड़ी बिच्छूबूटी की-सी झपक मार, मुझे व्याकुल कर दिया।

बहुत वर्षों बाद, बिछुड़े आवास से पुनर्मिलन भी एक विचित्र अनुभव है। शायद ही कोई ऐसा पुच्छविषाणहीन जीव होता होगा जिसे पूर्व-स्मृतियाँ भूले बन्धु की भाँति गले न लिपट जाती हों। यह वही कोना था, जहाँ तखत के पास एक बड़ा-सा पीतल का फूलदान रखा रहता था। इसी तखत पर बैठकर उन्होंने मुझे यम-नचिकेता संवाद की व्याख्या समझाई थी, तब शायद उस संवाद की महिमा ग्रहण करने की उमर नहीं थी, अब समझने का अवसर आया, तो स्वयं समझानेवाली नहीं रहीं। उनके बृहत् स्तूपाकार 'उपनिषद्' और 'कल्याण' के धर्मग्रन्थों को दिखाकर गोविन्द ने कहा, "देख ले, अब तेरी भाभी के बिना यह घर कैसा लगता है!" चेष्टा कर दबाए गए उनके कंठ के गह्वर ने उनके कथन को कँपा दिया था। गुणीजन कहते हैं कि वैधव्य से बड़ा दुःख और कुछ भी नहीं है, किन्तु वयस्क विधुर की व्यथा भी निश्चय ही कभी-कभी असह्य हो उठती होगी, फिर ऐसी सहचरी का वियोग, जो निश्चय ही सामान्य नारी-वर्ग से भिन्न थी।

शोभा भाभी को जब मैंने पहली बार देखा, तो उनके असाधारण व्यक्तित्व ने मुझे बेहद प्रभावित किया था। उनका गोरा गुलाबी रंग, जिस पर क्रीम-पाउडर तो दूर, शायद साबुन भी यदा-कदा ही लग पाता था, आश्चर्यजनक रूप से चिकना था। रंग के बाद उनका दूसरा आकर्षण था, उनका संयमित

हास्य। उनके दो दाँतों के बीच तनिक-सी दरार थी और शायद इसी दरार को छिपाने को वे बहुत कम हँसती थीं। वैसे भी मैंने उन्हें ऊँचे स्वर में बोलते कभी नहीं सुना। बाल सँवारने का भी उन्हें कोई विशेष ध्यान नहीं रहता। यह उन दिनों की बात है, जब देविका रानी, साधना बोस और जमुना की केश-सज्जा बड़े दुःसाहस से पहाड़ के संस्कारी गृहों में प्रवेश कर चुकी थी और गोल तिकोनी पत्तियाँ या एकआध बिखरी प्रश्न के चिह्न-सी अलकें पहाड़ी सरल चेहरों को भी सँवारने लगी थीं। न भाभी को पहनने-ओढ़ने में रुचि थी, न बनने-सँवरने में। वैसे भी जिन स्त्रियों के पास सौन्दर्य का पर्याप्त मूलधन रहता है, उनको बनने-सँवरने में कम ही रुचि रहती है। अधिकांश सुन्दरी, आकर्षक महिलाएँ साज-सज्जा से उदासीन ही रहती हैं और सौन्दर्यदान में विधाता उतनी उदारता नहीं दिखाता, वे बेचारियाँ ही अपने एक नूर के व्यक्तित्व को सजधज से कभी-कभी सौ नूर को बनाने में सफल हो जाती हैं। शायद यही कारण था कि शोभा भाभी पहनने-ओढ़ने में कभी-कभी आवश्यकता से अधिक उदासीन हो जातीं। साड़ी कहीं जा रही है, आँचल कहीं; कभी रंग-उड़ा शाल ओढ़ लेंगी, तो कभी पति का मर्दाना स्वेटर ही पहनकर चल पड़ेंगी! पर उनके जिस दूसरे सजे-सँवरे व्यक्तित्व से मेरा परिचय था, उसकी प्रौढ़ सज्जा में कहीं कोई त्रुटि नहीं थी।

जहाँ तक डिग्री का प्रश्न था, उनके पास कोई डिग्री नहीं थी; किन्तु मैं सोचती हूँ, अब भी पहाड़ में उन जैसी विदुषी महिलाएँ अँगुलियों पर गिनी जा सकती हैं। उन्होंने स्वान्तःसुखाय की कठोपनिषद् की व्याख्या लिखी थी और गीता-पाठ तो उनका नित्य का नियम था। न उस पाठ में किसी को प्रभावित करने की चेष्टा रहती, न बाह्याडम्बर का ढोंग। लकड़ी की एक लम्बी अलमारी में उनके धर्मग्रंथ सजे रहते। जब भी जाती, उन्हें किसी न किसी मोटी-सी पुस्तक में ध्यानमग्न ही पाती। आए-दिन एक न एक जटाजूटधारी बाबा उनके आँगन में चिमटा गाड़ देता। मैं कभी-कभी उन्हें छेड़ भी देती, “ऐसे सण्ड-मुसण्डों को क्यों बेकार में फल-दूध से मोटा कर रही हो, भाभी? क्या तुम सोचती हो, ये मानवता का कुछ उपकार करते हैं?”

“तुम नहीं जानतीं,” उनकी उदार आँखों में मेरे अबोध अज्ञानान्धकार से घिरे चित्त के प्रति सहानुभूति छलकने लगती और वे मुझे बीसियों उदाहरण दे डालतीं। कैसे एक सिद्ध बाबा ने उनकी उपस्थितिमात्र से ही एक बार जान लिया था कि वे बड़ी अनिच्छा से आई हैं और एक दूसरे बाबा ने तो उन्हें

उनके पुत्र सुधीर की भावी बीमारी की पूर्व-सूचना देकर चैतन्य कर दिया था। मुझे उनकी अटूट निष्ठा और सरल विश्वास के विरुद्ध फिर कुछ कहने का साहस नहीं होता।

स्वभाव से ही सन्त भाभी, स्त्रियों की बतकही से सदा दूर रहतीं और स्त्रियों की दृष्टि में यह नारी का ऐसा अस्वाभाविक दोष है, जिसके लिए उसे कभी क्षमा नहीं किया जा सकता। वह भी भला कैसी नारी है, जो अपनी चटपटी बातों से किसी परिचित अनुपस्थित महिला की गर्दन पर छुरी नहीं फेरती! बुरा न देखना, बुरा न सुनना, बुरा न कहना, यह एक संसारी स्त्री की दृष्टि में गांधीजी के बन्दरों का गुण है, नारी का नहीं। इसी से प्रायः ही सुनने में आता, 'शोभा बड़ी घुन्नी है, घमण्डी है एक नम्बर की।' भाभी कभी-कभी बौखला जातीं। प्रत्येक शान्त व्यक्ति की भाँति उनका क्रोध भी विकट होता था; पर मैं देखती, जब ऐसा अवसर आता, वे मौन धर लेतीं। "क्रोध की इससे बढ़िया औषधि और कुछ नहीं है," वे कहतीं। घर की सबसे बड़ी बहू थीं और एक लम्बे अरसे तक मैं उनके साथ रही, पर मैंने उनके मुँह से परिवार के किसी सदस्य के लिए कभी अपशब्द नहीं सुना।

प्रायः ही, उनके बंगले में एक से एक कट्टर सनातनी अतिथि, बिना पूर्वसूचना के ही आते रहते, पर मैंने कभी उन्हें बौखलाते नहीं देखा।

"जिस घर से अतिथि असन्तुष्ट होकर लौट जाए, वहाँ सुख-शान्ति नहीं रहती।" वे कहती थीं। अब कभी अप्रत्याशित अतिथि द्वार पर खड़ा हो जाता है, तो उन्हीं की सीख याद हो आती है।

किन्तु एक क्षेत्र में भाभी कोरी ही थीं और वह भी गृहस्थी का महत्त्वपूर्ण क्षेत्र—रसोई। यही उनकी दुर्बलता थी। कढ़ी चूल्हे पर चढ़ी है और भाभी वैराग्यशतक में डूबी बैठी हैं। उनके और मेरे बीच एक द्वार का व्यवधान था, वह भी खुला ही रहता। जलान्ध की दुर्गन्ध पाकर मैं लपकती, "कढ़ी जलकर खाक हो गई है, भाभी!" मैं कहती तो वे चौंककर खिसियाए स्वर में कहतीं, "क्या करूँ, यही काम मुझसे नहीं होता।"

होता भी कैसे! गीता और उपनिषद् का छौंक देकर बघारी गई आध्यात्मिक कढ़ी क्या सबको अच्छी लगती है? किन्तु जहाँ तक पतिव्रता का कठोर कर्तव्य निभाने का प्रश्न था, मैं सोचती हूँ, आज की भाभियाँ उनसे बहुत कुछ सीख सकती थीं। कभी-कभी उनके पति दिन डूबे लौटते और वे दिन-भर भूखी उनका खाना लिए बैठी रहतीं। लौटने पर पति की सुदीर्घ सन्ध्या

प्रायः एक घंटा ले लेती, पर वे निर्विकार भाव से हीटर पर खाना गर्म करतीं, उन्हें यत्न से खिलातीं और अन्त में स्वयं खातीं। उनकी सहनशीलता ने मुझे जीवन का एक महत्त्वपूर्ण पाठ पढ़ाया। उनकी इसी अटूट निष्ठा से प्रसन्न हो, सम्भवतः विधाता ने उन्हें नारी के सर्वोच्च पदक से विभूषित किया। उनके मरणोपरान्त का परमवीरचक्र था—उनकी माँग का सिन्दूर।

उनकी अन्तिम अवस्था जानकर मैं भारी मन से उनसे मिलने गई। रामजे अस्पताल के स्वच्छ कक्ष में स्टील के पलँग पर सौन्दर्य का खण्डहर पड़ा था। असाध्य रोग की दारुण व्यथा ने गुलाबी रंग को बैंजनी बना दिया था। दोनों हाथों में मेरा हाथ पकड़कर दबा-भर दिया था; पर वह स्नेही क्षणिक स्पर्श पल-भर में बहुत कुछ कह गया, "देख रही हो न मेरा सौभाग्य? तुम्हारे भाई सिरहाने बैठे हैं। अब मुझे मृत्यु का भय भी नहीं है। जब बुलावा आएगा, चल दूँगी। तैयार होने में देर नहीं लगेगी।"

उन्हें तैयार होने में देर लगती ही कब थी?

मैं प्रायः ही उन्हें नए-नए बने बिड़ला विद्या मन्दिर के उत्सवों में साथ चलने को मनाती।

तैयार होने को कहती तो घर ही की धुली साड़ी पहन, चटपट शाल डालकर तैयार हो जातीं। आज की भाभी की सज्जा भी क्या निमिष-भर में ऐसे ही पूरी हो जाती है? बहुत पहले कहीं एक चुटकुला सुना था :

एक भ्रमण-प्रेमी व्यक्ति पूरे भारत की परिक्रमा करने निकला, साथ में थी एक डायरी और एक पेंसिल।

पहले पहुँचा आगरा। लोगों से पूछा, "भाई, यहाँ की क्या वस्तु दर्शनीय है?"

लोगों ने कहा, "ताजमहल।"

चट उसने डायरी निकाली और लिख लिया—'ताजमहल।'

फिर पहुँचा दिल्ली। पूछा, "भाई, यहाँ यह सड़क पर कौन-सी बड़ी सजी-धजी इमारत चली जा रही है?"

लोगों ने हँसकर कहा, "हाथी।"

उसने फिर लिख लिया—'हाथी।'

अब पहुँचा इलाहाबाद, वहाँ उसने पहुँचते ही सफ़ेदा अमरूद चख लिया था, इसी से किसी से कुछ न पूछकर स्वयं ही लिख लिया—'अमरूद।'

बहुत दिनों बाद, घूम-घामकर अपने गाँव पहुँचा और डायरी सहेजकर रख

दी। एक दिन कहीं से एक हाथी घूमता-घामता उसके गाँव में भी आ पहुँचा।

लोग बड़े चकराए। पहाड़ का गाँव, किसी ने हाथी देखा ही नहीं था। मुखिया ने कहा, "जाओ, फलाँ को बुलाकर पूछो, वही अभी हिन्दुस्तान का चक्कर लगाकर लौटा है।"

परिव्राजक ने अपनी कापी निकाली और हँसकर बोला, "अभी बताता हूँ।"

पर वहाँ तो केवल तीन चीजें लिखी थीं – ताजमहल, अमरूद और हाथी।

वह बड़े असमंजस में पड़ गया। एक बार फिर पृष्ठ पलटा और एक लम्बी साँस खींचकर बोला, "भाइयो, या तो यह ताजमहल है या अमरूद है या फिर हाथी है।"

आज जब हरे चूड़ीदार अण्टीशण्टी हरी कमीज और पारदर्शी चुन्नी में, रँगे होंठ और तीक्ष्ण नखों की स्वामिनी, मनजीत की भाभी को देखती हूँ तो अपनी स्मृति के पीले पन्नों की डायरी खोलनी पड़ती है।

कुछ ही दिन पूर्व गोविन्दा दा की मेज पर धरी शोभा भाभी की बड़ी-सी तस्वीर उभर आती है।

शान्त, गम्भीर चेहरा, मदीने की साड़ी की मखमली बेल का नन्हा-सा घूँघट, छोटे-से पायदान पर दोनों पैर धरकर तस्वीर खिंचवाई है भाभी ने। न होंठों में रंग है, न वेशभूषा में विलास का स्पर्श।

बड़ी चेष्टा से शायद फोटोग्राफर के कई बार कहने पर सलज्ज दृष्टि उठाकर सहम-सी गई हैं। उसी सहमी दृष्टि को सदा के लिए बन्दी बना दिया है।

और फिर यह दूसरा चित्र, इस युग की भाभी का नवीनतम संस्करण। सिर से पैर तक हरी, एच-बी. पेंसिल-सी सतर देह ताने अकड़-दम्भी आधुनिका। एक लम्बी साँस खींचकर मैं भी कहती हूँ–या तो यह ताजमहल है या अमरूद है या फिर भाभी है।

ललिता

रवीन्द्रनाथ ने चैत्रपवन में झूमती किसी ललिता का वर्णन किया है। उसी ललिता का साकार जीवन्त रूप एक दिन हमारे आँगन में मूर्तिमान हो उठा। ओरछा की तपती जेठ की दुपहरिया थी, हम खस की टट्टियों से घिरे ठंडे फर्श पर बेचैन करवटें बदल रहे थे कि घर की पुरानी नौकरानी जगरानी अपनी साँवली-सी ललतिया को लेकर आ गई, "लो बिन्नू, जा बदजात फिर भग आई सासरे से", वह बोली और ललिता हमसे चिपट गई। मैले कपड़ों से दुर्गन्ध-सी उठी, चीकट रूखे बालों से रीठे और कड़वे तेल की महक से सिर भन्ना गया। "ए जिज्जी," वह बोली—"रामदई अब हम इन्हीं चरनन में डरे रहै" और वह सिसक-सिसककर रोने लगी। उसकी माँ जगरानी भी रोती-सिसकती पुत्री के रुदन के साथ 'रनिंग कमेंट्री' करती जा रही थी, "कसाई हत्यारे ने मार-मारकर जान ही ले ली। जा देखो," कहकर उसने ललिता की पीठ का कपड़ा हटा दिया। गरम लोहे से दागकर कल शाम को उसके गड़रिये पति ने उसे बाहर निकाल दिया था। नीले फफोले पड़े दाग ने सीजर के घाव की भाँति क्षण-भर में ही हमारी सहानुभूति जीत ली।

नौकरानी से अधिक ललिता हमारी बाल्यसखी थी। हमारे साथ ललिता घुटनों तक साड़ी उठाकर चपेटे खेलने बैठ जाती, कभी-कभी उचक-उचक कर इमलियाँ तोड़ लाती, कभी बेतवा नदी से गोल पत्थर बीनकर, मेहँदी पीसकर हमारी हथेलियाँ रचाती। गुड़िया का ब्याह होता तो पकवान पकाने से लेकर बिटिया के करुण गीत गाने तक का भार भी रहता ललिता ही पर। पुरखिन-सी नन्हीं ललिता अपने मधुर कंठ में हृदय का समस्त कारुण्य उँड़ेलकर गा उठती—"हमारी लड़ैती के अंकन कंकन गढ़ि-गढ़ि ले चतुर सुनार मोरला।"

गुड़िया की विदा के तीसरे महीने ललिता को भी विदा होना पड़ा। बारह वर्ष की उसकी पल्लवित देहलता को देखकर जगरानी के चिन्तित प्राण कन्या-भार से मुक्त होने को व्याकुल हो उठे थे। ललिता बचपन से ही हमारे साथ रही थी, हमने उसके भारी-भारी पैंजने-कड़े, अंकना-कंकना उतरवा दिए थे। वह रोज नहा-धोकर साफ-सुथरी बनी रहती। नैन-नक्श की सुघड़ और इकहरी देह की सलोनी ललिता को दूर से देखने पर उसके अभिशप्त जीवन के सबसे बड़े खोट पर किसी की भी दृष्टि नहीं पड़ती थी। निकट आने पर ही कोई देख सकता था कि उसकी एक आँख माता भवानी की भेंट हो चुकी है। रेशमी पलकों से ढँकी होने पर भी उसकी दृष्टिहीन आँख के ग्रहदोष को उसका अधेड़ दुहेजू पति भी क्षमा नहीं कर सका। वह बार-बार मार-पीटकर ससुराल भेजी जाती और तीसरे ही दिन फिर लौट आती। ललिता की आँख छीनकर विधाता ने उसे ऐसा परिहास रसिक-चित्त दिया था कि वह भाग्य की हर चोट और थपेड़ को हँस-हँसकर झेल लेती। हम उसे अकसर छेड़ देते—"क्यों री ललतिया, तू तो पहन-ओढ़कर इतनी अच्छी लगती है, फिर तेरा गड़रिया तुझे क्यों मारता है।"

वह हँसकर एक अँगुली अपनी कानी आँख पर रखकर गाने लगती :

जा अँखिया मोरी भई रे सौतनिया
जा अँखिया मोरी भई रे बैरनिया

बाहर से हँसी की फुलझड़ी-सी बिखेरती ललिता उदास होने पर भी चेहरे पर शिकन नहीं आने देती थी। बुन्देलखंड में एक विचित्र रिवाज है। लड़की माँ से बिछुड़कर ससुराल जाती हो, या ससुराल से लौटकर आत्मीय परिजनों से पुनः मिलती हो, उच्च स्वर में रोना उसके लिए अनिवार्य समझा जाता है। वह रुदन भी विचित्र आरोह-अवरोहपूर्ण स्वर में गा-गाकर लहरा उठता है। एक दिन हम छज्जे पर खड़े थे कि किसी बुन्देली बिटिया का करुण स्वर लहरा गया—"ए मतइया, हमैं बुला लियो ए-ए-ए..."

हमने ललिता से कहा, "हाय राम, बेचारी कैसे रो रही है!"

ललिता नाक सिकोड़कर बोली—"उँह, जा का रोवत, हम रोवैं तो देखौ" कहकर उसने विलक्षण प्रतिभा को क्षण-भर में दोहरा दिया—आँचल आँखों पर रखा और गा-गाकर रोने लगी :

—ए मतइया हम आज जायँ
कल भग आएँ ए-ए-ए

एक मतइया आले पै मिठइया धरी
भौजी को जिन दियेरी ए-ए-ए...

हमने बड़े कष्ट से ललिता की रुदन-लहरी बन्द करवाई। "देखा!" बड़े गर्व से हमारी ओर देखकर वह मुस्कराकर बोली—"ऐसे रोवत हैं—वा भला का रोवत।" इस प्रकार माँ से आज जाकर कल पुनः मायके भाग आने का आश्वासन एवं आले पर रखी मिठाई भौजी को न देने का आदेश, सब ललिता की मौलिक सूझ थी। बाद में जगरानी ने बताया कि ललिता की गर्वोक्ति अक्षरशः सत्य थी, उससे रोना सीखने दूर-दूर के गाँवों से बहू-बेटियाँ आती थीं। ग्राम में किसी भी लब्धप्रतिष्ठ व्यक्ति की मृत्यु होती तो ललिता को आग्रहपूर्वक रो-रोकर छाती कूटने के लिए बुलाया जाता और ललिता के कथनानुसार उसका हृदय-विदारक विलाप मृत व्यक्ति के कठोर शत्रुओं तक को रुला देने की अद्भुत क्षमता रखता था।

ललिता रोने में ही नहीं, गाने में भी अनमोल थी। उसका मधुर कंठ लोकगीतों का अक्षय भंडार था। टोना, लेद, फाग, बिरहा के अनूठे पदों का काव्यात्मक शृंगार प्रायः वह स्वयं ही करती। अनपढ़ और अज्ञान ललिता की कल्पना बड़ी सजीव थी। एक बार जाड़े के दिनों में हमें चेहरे पर कोल्ड क्रीम लगाते देख वह बोली—"हाय दैया, जा का है जिज्जी?"

"अरे क्रीम है, इससे जाड़ों में चेहरा चिकना बना रहता है, काला नहीं पड़ता।" हमने कहा।

"रामदई जिज्जी हमें दे डारो तनक, एक बार काहू ने जाड़े से पूछी—'जाड़े रे कहाँ चले।'

"जाड़े ने कही—'गोरे को काला करन चले, अरु काले की गत बिगारन चले'।

"सो हमारी तो दईमारे जाड़े ने गत बिगार दई है, हमें तनक 'करीम' दे दो।' "

याचना को भी भाषा से शृंगार कर ललतिया ने ऐसे हमारे सम्मुख रख दिया कि 'करीम' देनी ही पड़ी। अपने क्रूर पति की कड़ी चोटें खाकर ललिता संकल्प कर बैठी थी कि अब वह ससुराल नहीं जाएगी। हमारे ही चरणों में सिमटकर अपना तिरस्कृत जीवन काट लेगी। हम अल्मोड़ा लौटने को हुए तो वह भी साथ हो ली। 'बर्फ का मुलुक' देखने का उसका समस्त उत्साह काठगोदाम पहुँचते ही बालू की दीवार-सा सहसा भरभराकर ढह गया—"हाय

राम, ऐसे ऊँचे-ऊँचे पहाड़, दैया, बादल कैसे धुआँ से फूँकत।" पहाड़ की तिरछी-आड़ी-गोलाकार सड़कों पर बस दौड़ने लगी, तो ललिता बिगड़ गई ड्राइवर पर—"ए रे गँवरिया, का ताड़ी पीकर गाड़ी चलावत हो।" समझा-बुझाकर ललिता को चुप करवाया गया। वह चुप होकर बैठ तो गई; पर जैसे ही मोड़ पर बल खाती बस के साथ वह भी लुढ़कने को होती, तो आग्नेय दृष्टि से ड्राइवर की ओर देखकर फिर बड़बड़ाने और गाली देने लगती—"बदजात हरामी, कैंसो मुचक-मुचककर हँसत जात, तू गाड़ी गिरा के मानेगा आज।"

अल्मोड़ा पहुँचे तो ललिता की जान-में-जान आई; पर असंख्य कवियों और पर्यटकों के प्राणों में पुलक भरनेवाले नगाधिराज हिमालय ललिता का म्लान चित्त विकसित नहीं कर सके। "उँह, कैसी बरफ की फुफकार छोड़त हैं।" वह हिमाचल की ओर तिरस्कार की दृष्टि से देखकर कहती। कुछ दिन बाद ललिता ने हठ किया कि वह 'कागद' पढ़ना सीखेगी। बड़े उत्साह से वर्णमाला आरम्भ हुई, 'अ' और 'आ' की ऐसी दुर्दशा सम्भवतः किसी अबोध शिशु ने भी नहीं की होगी। 'अ' को ब्रह्मा की-सी चार बाहुएँ प्रदान कर ललिता ने उसे नाना बेल-बूटों से विभूषित कर दिया था। "यह क्या किया ललिता?'' हमने डपटा।

"तनिक फूलबेल बनाय दें, तो और अच्छी लगेगी।" उसने वात्सल्यपूर्ण दृष्टि से अपनी कलाकृति को निहारकर कहा। 'अ' और 'आ' के श्रृंगार में ही ललिता ने दो महीने बिता दिए और अन्त में एक दिन ऊबकर बोली—"चूल्हे में डारो जा ससुर 'कागद', इससे तो हम सिलाई सीखें।" फिर क्या था लट्ठा, फ्रेम और रेशमी रंग-बिरंगी लच्छियाँ मँगवाई गईं, बड़े परिश्रम से एक तोता 'ट्रेस' कर ललिता को सुई थमा दी गयी। बीच-बीच में सुई कपड़े में न घुसकर, न जाने कब उस गरीब के दग्ध हृदय की स्मृतियों के घावों में जा चुभती। सुई की प्रगति रुक जाती और वह गहरी उदासी में डूब जाती। मार खाकर भगाए जाने पर भी उसका चित्त अभी अपने सासरे के गाँव में ही डूबा था। सूई को दाँतों में दबाकर वह कहती, ''काली गाय ब्या गई होगी, गाँव की बहू-बेटियाँ सुअटा पूज रही होंगी, कुंडादेव को मेला लगो हैगो।" हमने एक दिन झिड़क दिया—"जब इतनी ही याद आती है अपने गड़रिये और गाँव की, तो चली क्यों नहीं जाती?"

झट आँचल की खूँट से आँखें पोंछकर वह बरस पड़ती—"ठठरी उठे वा गड़रिया की, माता निकसे वा को, आँखें फूटें ससुर की, हमें कौन वा की ममता

है", और पति को विधिपूर्वक पिण्डदान दे वह फिर काम में लग जाती। जाड़ों की छुट्टियों में हमारे ओरछा जाने का समय आया तो ललिता हवा में उड़ने लगी, भाग-भागकर चुटकियों में काम करती और घर जाने के दिन गिनती। मार्ग में किसी भी स्टेशन पर ट्रेन रुकती, तो वह बुन्देलखंड की गालियों की अनमोल अशर्फियाँ लुटाकर, ट्रेन को दोनों हाथों से धकेलने लगती–"कैसी अड़ी जा रही है चोट्टी, नखरे देखो, अरी कौन को पड़ी, जो तो कौ मनावे, हाय तेरो खसम मरे रंडी, चलत काय नहीं दईमारी पतुरिया।" अचल ट्रेन चलने लगती और मुसाफिर हँसने लगते। लज्जा से हमारा सिर झुका देख ललिता मुसाफिरों से जा भिड़ती–"जा में हँसने की का बात, हमें अपने मुलुक जाने में देर-अबेर अच्छी नहीं लगत, जब ससुरी को दुई-चार भली-बुरी कही तब ही फबक-फबककर चल पड़ी।"

हम ओरछा पहुँचे, तो ललिता का पूरा परिवार स्टेशन पर उपस्थित था। मोटर से उतरते ही ललिता ने मारवा ठाठ की नीरसता में अपने रुदन राग की विचित्र रागिनी छेड़ दी। एक साल पहाड़ पर बिताकर ललिता की देह भर गयी थी, गालों पर स्वास्थ्य की चिकनाई को दूर से देखकर अनुपम लावण्य का भ्रम होता था। अब वह बुन्देलखंडी स्त्रियों की भाँति लाँगदार धोती नहीं पहनती थी, सलीके से धोती बाँधकर जूड़ा बनाना सीख गई थी। यही नहीं, कानी आँख को पल्लू से यथासाध्य छिपाकर दूसरी आँख के बंकिम कटाक्ष से उसने एक दिन कुंडादेव के मेले में अपने अधेड़ पति के पौरुष को पराजित कर ही दिया। कानी पत्नी के नये रूप पर रीझकर हमारे पास आने में गड़रिये ने देर नहीं की। हाथ जोड़कर हमारे पैरों में उसने अपनी पगड़ी डाल दी–"गंगा की सौं, जो इसे मारूँ अन्नदाता, रानी बनकर राज करेगी सरकार।"

ललिता को जीवन में पहली बार मानिनी नायिका बनने का अवसर मिला था, वह भला क्यों चूकती। खैर, बड़ी मान-मनौवल के बाद ललिता विदा हुई। कई वर्ष तक हमें आनन्दी ललिता की याद आती और उसे देखने को जी कर उठता। चौथे साल ओरछा गए, तो खबर पाते ही जगरानी भागती आई, हमने उसे देखते ही ललिता की कुशल पूछी और वह आँखों पर आँचल धरकर बिलखने लगी–"बा अभागन तो गई जिज्जी, तीन बरस के तीन बालक भए, एको नहीं रहा, तीसरी बार दुश्मन ललतिया को भी ले गए।"

हम स्तब्ध थे। एक दिन ललिता ने हमसे कहा था–"ए जिज्जी, हम जब मरैं, तो हमारी अरथी पर लाल 'चारचट' का कफ़न डारियो..."

“चारचट का री?”

“जाके परदा वा साहब की मोटरिया पर पड़े हैं।” वह बोली।

रानी साहब ओरछा की मोटर पर लगे लाल ज्यौर्जेट के कफन की आकांक्षा! बेचारी ललतिया! “कहाँ मिलता ‘चारचट’! उसी की कंकरेजी मार्किनिया धोती में लपेटकर ले गए जिज्जी!” जगरानी बिलख रही थी—“कसाई ने कफन तक नहीं खरीदकर दिया।”

कभी-कभी उसका हँसमुख चेहरा आँखों के सामने तिरने लगता है, एक हाथ कानी आँख पर धरकर जैसे वह गा रही हो :

“जा अँखिया मोरी भई रे बैरनिया” : रवीन्द्रनाथ की कविता ‘ललिता’ का-सा अंत भी हुआ अभागिनी का—‘अनादरे हवे धूलि-दलिता, ओगो ललिता ओगो ललिता।’

अरी ललतिया—अनादर से तू भी धूलि-दलिता ही हुई!

काल के हस्ताक्षर

बहुत वर्षों बाद, किसी सुन्दर परिचित चेहरे पर क्रूर काल के हस्ताक्षर देख हम जैसे क्षण भर को स्तब्ध रह जाते हैं, ऐसा ही अनुभव, वर्षों बाद दिखे किसी परिचित शहर को देखकर भी होता है। कलकत्ता को जब मैंने 40 वर्षों के सुदीर्घ अन्तराल के पश्चात् देखा तो लगा इस महानगरी का सम्पूर्ण भूगोल ही बदल गया है। हावड़ा ब्रिज की जानलेवा भीड़, गाड़ियों, ठेलों, ट्रकों, कारों की अन्त अशेष पंक्ति, सहमे त्रस्त क्लांत पदयात्री, धुएँ की प्रगाढ़ कुहेलिका, यह सब देख 40 वर्ष पूर्व की वह सन्ध्या स्मरण हो आई जब इसी हावड़ा ब्रिज के फुटपाथ पर लगी, छोटी-छोटी दुकानों पर हम बड़े आराम से घूमघाम, हावड़ा हाट की पाँच-पाँच रुपये की साड़ियाँ खरीदते थे। अब शायद पाँच रुपये में एक गमछा भी नहीं मिलेगा।

शान्तिनिकेतन में तब अपना परीक्षा केन्द्र नहीं था, हाईस्कूल-इंटर की छात्र-छात्राओं को परीक्षा देने विद्यासागर कॉलेज जाना पड़ता था। अधिकांश छात्र-छात्राओं के कलकत्ते में अपने आत्मीय स्वजन थे, किन्तु दूर से आए छात्र-छात्राओं के रहने की व्यवस्था, किसी हॉस्टल में की जाती थी। उस बार बीडन स्ट्रीट के जिस छात्रावास में हमारे रहने की व्यवस्था की गई थी वहाँ अचानक चेचक का प्रकोप होने से हम परीक्षा देने जोड़ासाँको चले आए थे, गुरुदेव के सचिव, अन्नदा बाबू हमें परीक्षा दिलवाने वहाँ लिवा लाए और जोड़ासाँको के एक बड़े से कमरे में, हमारे तब तक रहने की व्यवस्था कर दी गई थी, जब तक अन्यत्र कहीं उचित प्रबन्ध न हो। तब वहाँ बीच के एक बड़े हॉल में एक बृहत् झूला लगा रहता था, उसी पर झूल-झूलकर हम बेर के अचार को चाटते-चाटते, परीक्षा की तैयारी करते। सामने था एक बड़ा-सा 'माठ' या फील्ड जिसमें चार बजे से ही, फुटबाल प्रेमी कलकत्ते के किशोर,

हो-हल्ला करने लगते तो अन्नदा बाबू बरामदे में खड़े होकर गरजते, "ओरे, तोरा ऐतो चैंचामेंची कोरिश ना, आश्रमेर मेयेरा ऐशेछे परीक्षा दिते।" (अरे, तुम लोग इतना हल्ला मत करो, आश्रम की लड़कियाँ यहाँ परीक्षा देने आई हैं!) और इनकी एक ही डपट से, पल भर में उत्साही खिलाड़ियों का अबाध्य कलरव, एकदम शान्त हो जाता। आज ऐसी विनम्रता, क्या किसी दन्तकथा सी-ही अविश्वसनीय नहीं लगती?

किन्तु कभी एक ऐसा क्षण भी आता है, कि एक परिचित बयार का झोंका हो, या डूबते सूर्य की विशिष्ट लालिमा या जनसंकुल सड़कों की मौलिक छटा, अचानक हमें लगता है बिछुड़े मित्र की भाँति हमने शहर के बदले विकृत चेहरे को पहचान लिया है और शहर भी हमें पहचान रहा है, कहीं न कहीं, न हम बदले हैं न कलकत्ता!

फ़िल्मोत्सव के मंच पर जब सत्यजीत राय को उद्‌बोधन भाषण देते सुन रही थी तो 40 वर्ष पूर्व के आश्रम के उस गम्भीर तटस्थ रहनेवाले, अपने समकालीन उस छात्र का स्मरण हो आया जो तब सुकुमार राय के पुत्र के नाम से अधिक विख्यात था। जिस विलक्षण कलम के धनी ने 'आबोल ताबोल' जैसी मनोहारी पुस्तिका की रचना की, उनके पुत्र सत्यजीत की अपनी एक विशिष्ट मित्रमंडली थी। समरेन्द्र, दिनकर कौशिक, अमिताभ आदि। उस मंडली का प्रत्येक सदस्य, ऐसा प्रखर आलोचक था कि नाटक हो या साहित्य सभा, छात्राएँ डरती रहतीं, कि कब इस दल की कुख्यात कलम अपनी हस्तलिखित पत्रिका में उनका हलाल न कर दे! इतने वर्षों बाद जब हम मिले तो लगा अतीत के उस सुखद आश्रम प्रवास की स्मृतियाँ असंख्य हैं एवं समय है बहुत कम। "हम सबने जो कुछ भी जीवन में पाया है, वह आश्रम की ही देन है" उन्होंने कहा और एकदम यही शब्द दूसरे दिन दुहराए सुचित्रा मित्र ने आज, रवीन्द्र संगीत की प्रख्यात सुकंठी गायिका सुचित्रा ने, विदेश तक रवीन्द्र संगीत की मधुर लहरी लहरा दी है और अब वहीं अपने प्रवासी पुत्र के पास, बीच-बीच में जाकर रवीन्द्र संगीत के संगीत अनुष्ठानों का आयोजन करती रहती है। यहीं नहीं, बम्बई में भी उसने रवीन्द्र संगीत की कक्षाएँ खोल दी हैं। मुझे आज भी याद है, जब वह पहली बार आश्रम में आई तो कलकत्ते के बाद, उसे आश्रम का सरल जीवन अपनाने में थोड़ा समय लगा था। उसके पिता सौरीन्द्र मुखोपाध्याय बंगाल के जाने-माने साहित्यकार थे। उनकी दो पुत्रियों में से एक ने एक विदेशी से विवाह किया था। दो चोटियाँ लटकाकर

सुचित्रा जब छात्रावास में आई तो कुछ ही क्षणों में उसके रोब और कंठ का सिक्का आश्रम में जम गया।

इतने वर्षों बाद, जब वह मिली तो हम दोनों को एकसाथ आश्रम की वह सन्ध्या याद आ गई जब खोवाई की राँगामाटी की एक चट्टान पर बैठ मैंने उसे एक मोहक पहाड़ी लोरी सिखाई थी। "भौं मेरो घुँघराली भौ, भौ माँगन छौ चीनी आहा"—ठेठ पहाड़ी उच्चारण और ऐसी निपुणता से उसने लोरी दुहरा दी थी कि मैं दंग रह गई थी। उसे इतने वर्षों में भी वह लोरी याद है। मुझे सुनाने लगी तो मन में एक बार फिर यौवन की वही उल्लसित झलक तिरने लगी।

तीसरी सहपाठिनी भी उसी फिल्मोत्सव की रंगीन भीड़ में मिली। अनेक चेहरों को तो देख रही थी, शशि कपूर, जैनिफर, कुणाल, सुचित्रा सेन, वसन्त चौधरी, सौमित्र चैटर्जी किन्तु कहाँ था वह चेहरा, जिसे मैं ढूँढ़ रही थी। मैं उसे फोन पर बता चुकी थी कि मैं उत्सव में आऊँगी, तुम भी आ रही हो, देखो कौन किसे पहले पहचानता है। बूझो तो बूझो की बुझौवल में देखो कौन पहले जीतता है।

उस वैविध्यपूर्ण भीड़ में सहसा उसने साड़ी का आँचल कन्धे पर खींचा और पार्श्व में बैठे अपने पति से कुछ कहकर हँसी और उसी हँसी के सूत्र से मैंने उसे पहचान अपनी सन्धानी गुलेल का रबर खींचा, "नुकू!" और वह आकर मुझसे लिपट गई।

"इस नाम से मुझे पुकारनेवाले अब रह ही कहाँ गए हैं, फिर तेरी आवाज़ का लटका पहचानने में क्या कभी भूल कर सकती हूँ।" अरुंधती देवी सुनने के आदी कानों की स्मरण-शक्ति, विस्मृत नुकू सुनते ही आँखों से अधिक समृद्ध सिद्ध हुई। आमने-सामने बैठकर भी जो आँखें एक-दूसरे को नहीं पहचान पा रही थीं, वह अतीत के एक छोटे-से सम्बोधन से चैतन्य हो उठीं।

बंगाल की प्रख्यात चलचित्र अभिनेत्री, निर्देशिका, अरुंधती देवी, जिसने अभिनय एवं निर्देशन दोनों में समान रूप से ख्याति प्राप्त की, देश-विदेश घूमी और आज टूटते स्वास्थ्य से भी पराजित नहीं हुई है। "तू मुझे अपना उपन्यास भेजना, मैं उस पर फ़िल्म बनाऊँगी" उसने मेरे हाथ पकड़कर कहा—मैं उस अँधेरे प्रेक्षागृह में भी उसका चेहरा देख पा रही थी। कैसा आश्चर्य था कि इतने वर्षों में भी, उन फीरोजी आँखों का यौवन ज्यों-का-त्यों धरा था, उसके मोहक स्मित में अब भी वही आकर्षण था, जो कभी आश्रम के बीसियों सौन्दर्य

रसिक छात्रों का हृदय अपनी मुट्ठी में बन्द करने में समर्थ था!

आचार्य क्षितिमोहन सेन के परिवार से मिलन, मेरे कलकत्ता प्रवास का सर्वाधिक आनन्ददायक पर्व था। उनकी पुत्रवधू अणिमा, आज उसी को देखा तो पहचान नहीं पाई। "लम्बे अर्से से अस्वस्थ तो रही ही हूँ उस पर नीलिमा के पति के असामयिक निधन ने एकदम तोड़ दिया है।" उसकी आँखें छलछला आईं, नीलिमा उसकी छोटी बहन रवीन्द्र संगीत की प्रख्यात गायिका है।

दूसरी सहपाठिनी को देखा तो मन और खिन्न हो गया। बड़ी-बड़ी आँखों के रस का सागर सूखकर, एकदम ही विलुप्त हो चुका था। घुँघराले घने काले केश, जो कभी उसकी पीठ पर घनघटा-से लहराते थे, अब सिकुड़कर एक सुपारी से जूड़े में सिमट गए थे। भग्न दन्त पंक्ति ने कपोलों को निमग्न कर दिया था। मैं अवाक् खड़ी ही रह गई—"क्या हो गया तुझे, एकदम ही बुढ़ा गई!"

एक म्लान हँसी का उत्तर देकर वह चुप बैठी रही, धीरे-धीरे संयम का बाँध टूटा, ''पुलिस की गोली खाकर, पहले छोटा भाई गया, स्वतन्त्रता संग्राम का सम्भवतः सबसे छोटा सेनानी पति मिला बेहद शक्की, उसे आठ सन्तान की जननी बना, दीर्घ वैवाहिक जीवन में विष घोल, उसे एक प्रकार से चौराहे पर ही छोड़ गया। फिर भी वैधव्य से जूझ उसने पुत्र-पुत्रियों को उच्च शिक्षा दिलाई। "एक पुत्री ने स्वयं एक समृद्ध गृह के पुत्र से रिश्ता पक्का कर लिया। किन्तु उस पात्र को कैंसर ने छीन लिया। एक पुत्र को नशे की गोलियों की लत लग गई, एक ईसाई लड़की से विवाह कर, वह परिवार से विलग हो गया। छठे-छमाहे घर आता है और मुझे ढोल-दमामे सा पीट-पाट चला जाता है। दूसरी लड़की होटल में रिसेप्शनिस्ट हो गई थी। वह अभागिनी भी होटल के किसी बैरे के साथ निकल गई—अब आश्रम की स्मृतियाँ ही मेरी एकमात्र सम्बल हैं।"

सीमन्तेर सिन्दूर

कहा जाता है कि प्रत्येक सफल पुरुष की सफलता के पीछे किसी नारी की छाया अवश्य रहती है, और यदि वह छाया स्वयं उस पुरुष की सुख–दुखानुगामिनी जीवन सहचरी की हो, तो फिर उसकी सफलता भी असाधारण होती है।

आचार्य हजारीप्रसाद द्विवेदीजी की विद्वत्ता, उनकी विनम्रता, उनकी सरलता को जिसने ऐसा सहज बना दिया था, उसका नाम भी शायद कुमारटोला के उन अनाम शिल्पियों के नाम की भाँति कोई नहीं जानता, जिसकी गढ़ी अष्टभुजा की जीवन्त मूर्ति देख अनायास ही दर्शकों के मुँह से 'वाह' निकलने पर भी कभी कोई यह नहीं पूछता कि इस भव्य मूर्ति का शिल्पी कौन है?

उनका नाम था भगवती द्विवेदी। जब विवाह होकर पतिगृह में आईं तब वयस थी तेरह-चौदह वर्ष। तब से निरन्तर छाया बनीं वह जिस निष्ठा से पण्डितजी की दीर्घ देह को वर्षा-आतप से सेंतती रहीं, उसे देख आश्चर्य होता है कि इस युग की वह सती वैधव्य का यह महादुःख, भले ही वह मुट्ठी-भर दुर्वह महीनों का क्यों न रहा हो, सहने पृथ्वी पर रह कैसे गईं? मैं भाभीजी का वह शान्त, स्निग्ध चेहरा याद करती हूँ तो अपनी इस मूर्ख शंका का उत्तर मुझे स्वयं ही 'मानस' की गूढ़ पंक्तियों में मिल जाता है :

अवगुण एक मोर मैं माना।
बिछुरत प्राण न कीन्ह पयाना।।
नाथ सो नयनन्हकर अपराधा।
सिसरत प्राण करहिं हठबाधा।।

पतिविहीन उनकी वे भयानक रूप से दीर्घ बन गई रातें कैसे कटी होंगी,

मैं समझ सकती हूँ। इधर पिछले दो वर्षों से, जब से पंडितजी शारीरिक एवं मानसिक दोनों झटकों से बहुत कुछ टूट चुके थे, उनके चारों ओर घिरा सतर्कता का घेरा भाभीजी ने और जटिल कर दिया था। कभी भी किसी मीटिंग में लखनऊ आते तो भाभीजी उनके साथ आतीं।

"कब खाना है, क्या खाना है, कब सोना है, सबका समय बाँध दिया है तेरा भाभीजी ने।" मुझे लगता है, जैसे पंडितजी अपनी चिरपरिचित मुद्रा में पालथी मारकर मेरे तख्त पर बैठे, फिर हिल-हिलकर कह रहे हैं—"जैसे-जैसे बुढ़ा रही हैं वैसे-वैसे एकदम शहर कोतवाल बनती जा रही हैं।"

"ऐसा नहीं करूँगी, तो क्या तू जानती है क्या करेंगे...?" भाभीजी का ठेठ बिहारी संगीतमय लटका उस दिन उसी क्षण उनके कठोर अनुशासन की कैफियत दे गया था—"दोनों बेला भात ही भात खाएँगे, चाय में मुट्ठी भर शक्कर डालेंगे, छिप-छिपकर मीठा मँगवा लेंगे और दुनिया-भर के साहित्यिक निमन्त्रणों को स्वीकार कर, कभी चल देंगे कलकत्ता, कभी भोपाल और कभी हैदराबाद जबकि डॉक्टरों ने इन्हें घूमने-फिरने को एकदम मना किया है। इसी से अब एक मिनट के लिए भी इन्हें अकेला नहीं छोड़ूँगी।"

उनके गहरे आत्मविश्वास से की गई इस घोषणा ने उसी क्षण मेरे पापी चित्त को शंकित किया था—जीवन में एक क्षण ऐसा भी तो आता है जब एक मिनट को भी अकेला न छोड़ने की ऐसी घोषणा करनेवाले को विधाता धक्का देकर उसका सारा गर्व पल में चूर-चूर कर देता है। काल की उस वक्र कुटिल गति से तब तक मेरा परिचय हो चुका था, इसी से मन ही मन उस दिन सुखी युगल जोड़ी को देखकर मनाया था—ईश्वर करे, भाभीजी पंडितजी के लिए सदा ऐसी ही कठोर शहर कोतवाल बनी रहें!

पंडितजी के निरन्तर टूट रहे स्वास्थ्य को मैं देख रही थी। मेरी सीढ़ियाँ चढ़ने में वह बार-बार हाँफने लगे थे। कभी-कभी अस्वाभाविक रूप से गम्भीर होकर न जाने किस सोच में डूब जाते। हिन्दी संस्थान ने उनके लिए ऐसी-ऐसी चिन्ताओं का जाल बुनकर फैला दिया था, जिनसे आज तब उनका सरल, भोला, निष्कपट हृदय कभी नहीं टकराया था। आडिट की दुरूह भूलभुलैया में व्यर्थ भटक-भटककर वह स्वेच्छा से ही दूसरों का गरल कंठ में धारण कर नीलकंठ बने जा रहे थे।

भाभीजी एक दिन बुरी तरह बिगड़ गईं। उस दिन दोनों रात्रि के भोजन के लिए मेरे अतिथि थे। मैं रसोई में पूरियाँ उतार रही थी कि भाभीजी ने

पुकारा, "ए गउरा (दोनों मुझे सदा इसी विचित्र सम्बोधन से पुकारते थे) यहाँ आ तो जरा।"

मैं कड़ाही उतारकर गई तो देखा, पंडितजी गम्भीर होकर तख्त पर अधलेटी मुद्रा में एक पत्रिका उलटने-पलटने का उपक्रम कर रहे हैं और भाभीजी का गोरा चेहरा तमतमाकर लाल पड़ गया है। मैं सहम गई थी। अभी-अभी तो दोनों को विष्णु-लक्ष्मी-सा एकसाथ तख्त पर स्थापित कर चौके में आई थी, अभी-अभी क्या हो गया?

"देख, कल सारी रात नहीं सोए हैं। संस्थान, संस्थान, जब देखो तब संस्थान! हम कहती हैं आग लगा दो इस नौकरी में, दे डालो इस्तीफा! जिसने जहाँ चाहा दस्तखत करवा लिए। अब दोष किसी का है, भोगेंगे यह! बोलती क्यों नहीं! नहीं जानती क्याऽऽऽ?"

मैं क्या कह सकती थी? मुझे चुप देख वह और तिलमिलाकर कहने लगीं, "रात-भर सोएँगे नहीं। सिरदर्द ऐसा कि पूछो मत। कुछ कहो तो कहेंगे, अभी ब्लडप्रेशरवाली दवा खा लेंगे, दर्द ठीक हो जाएगा पर हम कहती हैं, यह दर्द किसी दवा से ठीक नहीं होगा...छोड़िए संस्थान का मोह और तब ही यह दर्द जाएगा..."

"अच्छा, अच्छा भाभीजी, मेरी कड़ाही ठंडी हो गई होगी। अब उसे गर्म होने दीजिए, आप ठंडी हो जाइए, मैं खाना लगा रही हूँ।"

मैंने चटपट खाना लगाया और अपनी सब्जियों, रायते, खीर के परिचय के बीच फिर संस्थान के अप्रीतिकर प्रसंग को उभरने ही नहीं दिया। किन्तु भाभीजी की सजग दृष्टि पंडितजी के प्रत्येक ग्रास पर मुहर लगा रही है, यह मैं देख रही थी। आलू तो नहीं लिया? थाली में कहीं अतिरिक्त नमक की चुटकी तो नजर बचाकर नहीं परस ली?

"हैं—हैं, करती क्या है? कटोरी-भर खीर परस रही है इन्हें। बस एक चम्मच चखने-भर को दे।" वह चट कटोरी-भर खीर डोंगे में वापस उलटने लगीं तो पंडितजी ने अनुनयभरे स्वर में कहा, "अजी खा लेने दो, एक दिन की बदपरहेजी से कुछ नहीं होगा। खीर बहुत बढ़िया बनाती है गउरा, जरा चखकर देखो ना।"

"अच्छाऽऽऽ, अब समझी, क्यों बनारस आकर तेरे बने खाने का गुण बखानते हैं, रोज़ खीर खिलाती है ना इन्हें?"

पंडितजी ने दयनीय दृष्टि से मेरी ओर देखा, जैसे कह रहे हों—कहीं अपना

अपराध स्वीकार मत कर लेना।

"नहीं, भाभीजी, मैं क्या नहीं जानती कि पंडितजी को मीठा खाना मना है?"

"खाना बनाना तो तू सचमुच खूब सीख गई है री! याद है एक दिन पालक छौंकने में कड़ाही में आग धधकी, तो तू कैसे डरकर बाहर भाग आई थी?"

बहुत पहले भाभीजी एक बार शान्तिनिकेतन में पालक छौंकने जा रही थीं कि धोबी आ गया था। बोलीं, "ले हींग-मेथी-मिर्च का बघार देकर चटपट छौंक डाल, मैं कपड़े मिला लूँ।"

धधकते तेल में मसाले डाल, अनाड़ी हाथों से मैंने भीगा पालक डाला तो लपटों से कड़ाही भर गई और मैं डरकर बाहर भाग गई थी।

सब याद था, सबकुछ, वह दिन भी जब इस वात्सल्यमयी गुरुमयी को पहली बार देखा था। तब भाभीजी पच्चीस या छब्बीस वर्ष की रही होंगी। गोरा गोल चेहरा, जो सामान्य-सी उत्तेजना से भी तमतमाकर लाल पड़ जाता था। छोटी-सी नाक पर सोने की गोल लौंग, कसकर बाँधी गई चोटी, जो खुलने पर अपने घने घेरे से पीठ को घेर कमर तक उतर आती थी। सीधे पल्ले की साड़ी। मुँह में सदा गुलगुलाता पान का बीड़ा। बड़ा-सा लाल टीका और माँग-भर सिन्दूर।

तब तक उनका परिवार सीमित था। तीन बच्चे, जिनके वही नाम आज भी होंठों पर आते हैं, जिनसे उन्हें तब पुकारा जाता था—बबुआ, पुतुल और तितिल। पंडितजी तब गुरुपल्ली में रहते थे। फूस की छतवाले इस जीर्ण मकान के दूसरे हिस्से में रहते थे गोसाईंजी। वहीं उनके युवा पुत्र वीरू की मृत्यु हुई थी। पंडितजी के छोटे-से आँगन में ही सहजन का पेड़ था। उसी के नीचे, गर्मियों में भाभीजी अपना 'हाथेर उनून' (हाथ की अँगीठी) खिसकाकर मोबाइल किचन ले आतीं और फिर वही कोना हम उत्तरप्रदेशी छात्राओं का प्रिय अड्डा बन जाता।

मुझे कभी भी याद नहीं पड़ता कि उतनी सारी छात्राओं को एकसाथ जिमाने में भाभीजी के स्निग्ध चेहरे पर विरक्ति की शिकन भी उभरी हो। बाहर से खूब बड़बड़ाएँगी, "लो आ गईं महारानी लीडर बनकर! आओ, बैठो, तो पंगत जिमाऊँ।" पर परसने में ऐसा स्नेह घृत के साथ-साथ दाल पर उलट

देतीं कि बस अमृत का स्वाद आ जाता।

सावन आता तो हमारे लिए मेहँदी का बड़ा-सा बमगोला तैयार पिसा रहता। देखते ही देखते भाभीजी के चौके का पटला ही दो रस्सियों के बीच बिठा झूला पड़ जाता। कुछ देर तक हमें गलियाकर, फिर स्वयं भाभीजी एक-आध पेंगों का आनन्द लेने हमारे बीच आ जातीं। आश्रम में बुधवार को ही छुट्टी होती थी और नौ वर्षों का शायद ही कोई ऐसा बुधवार रहा होगा, जब मैं भाभीजी के यहाँ नहीं पहुँची।

"देखा," मुझे देखते ही गम्भीर होकर वह पंडितजी से कहतीं, ''ढीठ कुकुर-सी खाना सूँघकर टाइम से पहुँचती है। जानती है ना, कढ़ी बनी होगी।" पर परसने बैठतीं तो ना-ना कहने पर भी, काँसे की थाली में ढेर-सा चावल परस कढ़ी से तर कर कहतीं, "अरी, तू नहीं आती तब भी मैं तेरे लिए परसकर वहीं ले आती।"

हम दोनों बहनों पर उनका ऐसा ही स्नेह था। किन्तु जहाँ मेरी बड़ी बहन जयन्ती को मुझसे अधिक सम्मानजनक पद प्राप्त था – जैसे उसे कभी सब्जी या पंडितजी के ब्लेड लाने बाजार नहीं भेजा जाता, चबेना सदा प्लेट में धरकर दिया जाता–वहीं पर मेरे लिए भाभीजी का हाट-बाजार करना एक प्रकार से बँधा था। ऐसे ही गर्म-गर्म रोटी को भी कभी भाभीजी चूल्हे से ही मेरी ओर उछाल देतीं और किसी सधे क्रिकेट खिलाड़ी की भंगिमा में मुझे उस बाउंसर को पकड़, उसी पर अचार की फाँक धर उदरस्थ करना होता।

"एई गउरा, जा तो चटपट कोआपरेटिव से यह सब ले आ।" वह मुझे लिस्ट थमाकर कहतीं, "इकन्नी तू ले लेना और बबुआ को भी लेती जा साथ, इसे भी दो पैसे की लौजेंज दिला देना।''

बस यही आदेश मुझे उखाड़ देता।

"नहीं, इसे नहीं ले जाऊँगी।" मैं कहती–"एक तो आपने कितना तेल डाल दिया है इसके बालों में कि एकदम चू रहा है, उस पर इतना लम्बा कुर्ता पहना दिया है। कोई देखेगा तो सोचेगा, नीचे से कुछ पहने ही नहीं है।"

सचमुच ही भाभीजी कभी बबुआ को हास्यास्पद रूप से ऐसा लम्बा कुर्ता पहना देती थीं कि कुर्ते की लम्बाई में छिप गई हाफपैंट का अस्तित्व ही सन्देहास्पद हो उठता था। असल बात कुछ और भी थी, बबुआ को साथ ले जाने में स्वयं मेरा स्वार्थ भी पग-पग पर आहत होता था। अपनी टॉफी अत्यन्त द्रुतगति से उदरस्थ कर वह प्रायः मेरा कमीशन हथियाने ज़ोर-ज़ोर से रोता

दुकान पर ही पसर जाता था।

"अच्छा, तो तू बड़ी मेम साहब बन गई है, क्यों? बबुआ की कमीज़ लम्बी है, तो इन्हें उसे साथ ले जाने में अब शरम आती है! जा-जा, भाग जा अपने होस्टल, खबरदार जो फिर यहाँ आई!"

भाभीजी का तमतमाया चेहरा देख फिर कुछ कहने का साहस नहीं होता। मैं चुपचाप बबुआ का हाथ पकड़ सौदा लेने निकल जाती। आश्रम में आए-दिन नाटक होते रहते—कभी 'चित्रांगदा', कभी 'चंडालिका', कभी 'मायेर खैला' और कभी 'वाल्मीकि प्रतिभा'। भाभीजी को नाटक देखने का बेहद शौक था। उस दिन मेरी विशेष ड्यूटी रहती कि उनके लिए ऐसे स्थान का आरक्षण रखूँ, जहाँ से वह बच्चों के साथ बैठ ठीक से नाटक देख सकें। स्थान का अभाव होता, तो पुतुल और बबुआ को मेरे पास भेज देतीं। "जाओ, बुआ के पास बैठकर देखो।" मुझे पुतुल का वही गोरा, भोला चेहरा याद आता है, जब नाटक के बीच ही मेरी गोद में सो जाती थी। नाटक की समाप्ति पर जब मैं सोई पुतुल को गोद में लेकर भाभीजी को सौंपने जाती, तो फिर फटकार पड़ती—"सुला दिया ना? मैं जानती थी कि तू यही करेगी।"

"मैंने थोड़े ही सुलाया, खुद सो गई..."

"खुद सो गई! अरी, जगा नहीं सकती थी बीच-बीच में! अब कौन इसे घर तक लादेगा, सुनूँ?"

पुतुल को फिर कभी नहीं देखा, पर तीन वर्ष पूर्व बबुआ मिलने आया, तो विश्वास ही नहीं हुआ कि यह वही बबुआ है जो अपनी अन्यायपूर्ण धमकी से मेरा कमीशन हथियाने चीखता-चिल्लाता जमीन पर पसर जाता था। "तू तो एकदम बुढ़ा गया है, रे बबुआ।" मैंने कहा तो वह हँसने लगा। पिता की निष्कपट भोली हँसी, अविकल उसी रूप में, पुत्र के चेहरे पर उतर आई है।

और तितिल, उसने भी मुझे एक बार रुलाया है। उस वर्ष इंटर की परीक्षा में एक भी प्रश्न उन पाठों से नहीं आया था, जो पंडितजी ने पढ़ाए थे। मैं पर्चा देकर आई, तो पंडितजी के पास जाकर देर तक उन्हें परेशान करती रही, "इस बार फर्स्ट डिवीजन तो गया ही, शायद पास भी नहीं हो पाऊँगी..."

"चल, परे हट!" पंडितजी बोले, "हर बार यही कहती है।"

पर, मैं फिर भी नहीं गई, मिनमिनाती रही। अन्त में ऊबकर बोले, "अच्छा चल, तितिल से पूछें, उसकी कही बात कभी झूठ नहीं होती।" तितिल से पूछा गया, "क्यों तितिल, बुआ पास हौबे ना फैल? (बुआ पास होगी या फेल?)"

तब पंडितजी के सब बच्चे बंगला ही बोलते थे। अपनी बड़ी-बड़ी आँखों को पूरे चेहरे पर फैला, तत्काल नन्ही तितिल ने मेरी ललाटलिपि को पढ़ उत्तर दिया था, "फेल।"

और मैं ज़ोर से रो पड़ी थी।

"ऐ पागल।" पंडितजी मेरा रोना देख बुरी तरह घबरा गए थे—"तितिल का कहा क्या आज तक कभी सच हुआ है? जो कहती है उसका एकदम उल्टा होता है। अजी, सुनती हो, बाहर आओ, जरा देखो मेयेर कांड, कांदेछ ढुलुर-ढुलुर (लड़की को देखो ढुलुर-ढुलुर रो रही है)!"

भाभीजी ने आकर मुझे एक झाड़ पिलाई। तितिल बेचारी सहमकर मुझे देख रही थी। "ऐसी मूरख है तू? अरी, चार बरस की तितिल ने कह दिया, और तू फेल हो गई? जा मुँह धो और होस्टल जा।"

दुर्गापूजा में आश्रम की छात्रपल्ली जहाँ छात्र-छात्राओं के घर चले जाने से भाँय-भाँय करने लगती वहीं पर गुरुपल्ली में पूजा की अनोखी ही रौनक उमड़ पड़ती। नई-नई कोरी साड़ियों की महक, मिष्टान्नों की सुगन्ध और फिर बंगाल की बयार इसी महीने में सबसे अधिक मादक बन उठती है। भाभीजी के यहाँ भी प्रत्येक पूजा पर घर-भर के लिए नये कपड़े आते और उनकी उसी शॉपिंग में मैं उनकी निजी सचिव बनी उनके साथ जाती। मेरी रुचि पर उनका अन्त तक वही विश्वास बना रहा। एक दिन पूर्व ही मेरे लिए बुलावा आ जाता—कल भाभीजी के साथ बोलपुर जाना है। बोलपुर का वह छोटा-सा अनाकर्षक बाजार तब हमारे लिए बगदाद का बाजार था।

घर दूर होने के कारण हम पूजा की छुट्टियाँ आश्रम में ही बिताते थे, इसी से दिन-भर छुट्टी ही छुट्टी रहती। बोलपुर जाने का प्रस्ताव सदा पुलकित ही कर उठता था। सरोजरंजन चौधरी पंडितजी के प्रतिवेशी थे। उन्हीं की मोटरगाड़ी में उस बार हमें लिफ़्ट मिली थी। यह कोई साधारण बात नहीं थी। सरोज बाबू के पूरे परिवार की ही भाँति उनकी इस गाड़ी का भी एक अनोखा आभिजात्यपूर्ण व्यक्तित्व था। किसी ऐरे-गैरे नत्थू-खैरे को वह कन्धे पर हाथ नहीं धरने देती थी। अपनी उस काली मानिनी को वह नित्य दर्पण-सा चमकाए रखते। गोरे, सुदर्शन सरोज बाबू जब चुनी सुनहली पाड़ की शान्तिपुरी धोती की चुन्नटें साध, सफेद रेशमी कुर्ते में सोने के बटन चमकाते चालक की सीट पर बैठते तो उनकी देह की तीव्र सुगन्ध पिछली सीट को भी सुगन्ध की पिचकारी से सुवासित कर देती। स्टियरिंग थामकर वह मुस्कराकर हमसे

पूछते, "की रे, देखली आमार अप्सरा के? (क्यों री, देखा ना मेरी अप्सरा को?)"

उस दिन उन्हें कहीं जाना था। मार्ग में बोलपुर में हमें छोड़ देंगे और लौटने में साथ वापस ले चलेंगे, यही तय हुआ था।

भाभीजी के साथ जाने का एक आनन्द यह भी था कि वह बोलपुर के पाँचकौड़ी के ग्रैंड होटल का डबल आमलेट हमेशा खिलाती थीं। वैसा स्वस्थ, होल्डौली आमलेट फिर जीवन में कभी खाने को नहीं मिला। उस छतविहीन होटल के चारों ओर चटाइयों की दीवारें थीं। एक लकड़ी की खंजड़-सी बूढ़ी मेज, दो-तीन बेंचें, सामने एक बोर्ड पर लिखा रहता—'पाँचकड़ीर ग्रेंड होटल—एखाने डबल डिमेर आमलेट पावा जाए। (पाँचकौड़ी का ग्रैंड होटल—यहाँ डबल अंडों का आमलेट मिलता है।)'

उस ग्रैंड होटल की कौन-सी वस्तु ग्रैंड थी, यह पहले समझ में नहीं आया। होटल की ही भाँति होटल के उस पीर-बावर्ची भिश्ती-खर का अंग-प्रत्यंग भी जर्जर था। बस, तीन-चार दाँतों की फोकला मधुर हँसी, विरल केशराशि से झाँकता खल्वाट, बेहद टेढ़े धनुषाकार दोनों पतले हाथ, जिन्हें देखते ही एकदम स्पष्ट हो गया था कि ग्रैंड होटल ने अपना यह महत्त्वपूर्ण नाम स्वामी के किस अंग के बूते पर अर्जित किया है। लगता था, किसी अदृश्य मोटर से संचालित पाँचकौड़ी के उन दोनों हाथों में ग्राहक का आर्डर पाते ही विद्युत संचारित हो गई है—खटा-खट-खट-खट!

"की खाबे, दीदीमनी? आमलेट? (क्या खाओगी, दीदीमणि? आमलेट?) खटा-खट-खट-खट-" "मुर्गीर ना हासरे? (मुर्गी के अंडों का या बत्तख के?)"

बत्तख के बड़े-बड़े अंडों का आमलेट पाँचकौड़ी के जादुई हस्तकौशल से एकदम डिब्बा बनकर फूल उठता है, यह मैं जानती थी, इसलिए वही फरमाइश करती। चटाचट अंडे तोड़ वह सर्र-सर्र फेंटता, तो तेज चल रहे बिजली के पंखे की फाल-सी उसकी उँगलियाँ अदृश्य हो जातीं। फिर उसी तीव्र गति से प्याज कतरता। हरी मिर्च, धनिया, एक चम्मच गर्म दूध डाल फ्राइंग पैन अँगीठी पर चढ़ाता। एक सिगरेट के टीन के डिब्बे में से घी निकाल पैन पर डालता, और फिर आरम्भ होता उसका सबसे रोचक पर्व। फेंटी हुई सामग्री को गर्म पैन पर डाल वह उसे अँगीठी से तनिक उठा, बिना किसी चम्मच के हाथों ही हाथों में ऐसा उछालता कि आमलेट सन्नाता एक क्षण को ऊर्ध्वमुखी छलाँग लगा, स्वयं पलट फिर पैन में छनछनाने लगता। ठीक वैसे, जैसे दक्ष बाजीगर मुँह

से निकाले गए लोहे के गोले को हवा में उछालकर कहता है—यह गया, यह गया...।

साँस रोके मैं उसके पलटते आमलेट को भी जादू का तमाशा देख रहे मुग्ध दर्शक की आँखों से देखती। लगता, आमलेट भी अब आकाश ही आकाश में खोकर रह जाएगा...।

"ने दीदी खा, ऐमन आमलेट कोथाओ पावी ना। (ले दीदी खा, ऐसा आमलेट तुझे और कहीं नहीं मिल सकता।)," वह हँसकर प्लेट मेरी ओर खिसका देता।

पर उस दिन भाभीजी निरन्तर मेरे उस जलपानपर्व में विघ्न डालती रही थीं, "ए खा जल्दी, साड़ी भी तो लेनी है। तीन बजे सरोज बाबू लेने आ जाएँगे।" अपनी विलम्बित जुगाली को बड़ी अनिच्छा से शीघ्र निबटा मैं उनके साथ बाहर निकल आई थी।

हमारा दूसरा पड़ाव हुआ था, विश्वनाथ की दुकान पर। विश्वनाथ मेरा सहपाठी था, और ऐसा कैसे हो सकता था कि उसकी दुकान से कुछ न खरीदा जाए? क्योंकि इकन्नी देने पर ही वह थैला-भर टाफी थमा देता था, बशर्ते उसके पिता दुकान की गद्दी पर न हों। उस दिन सौभाग्य से वही दुकान का एकछत्र सम्राट था। इकन्नी फेंकते ही थैला-भर टाफियाँ उसने मुझे थमा दीं तो भाभीजी ने गम्भीर मुखमुद्रा बनाकर कहा, 'दाँड़ा, बलबो तोर बाबा के मेयेदेर देखे, आपनार छेले दुकानटा शेष करे दिलो! (आने दे तुम्हारे बाप को, उनसे कहूँगी कि लड़कियों को देखते ही आपके लड़के ने दुकान लुटा दी है!)"

तब बोलपुर में कपड़े की एक ही बड़ी दुकान थी। हमें देखते ही दुकानदार ने ढेरों साड़ियाँ फैला दीं। उस ढेर से एक सुन्दर धानी घनेर साड़ी छाँटने में मुझे प्रयत्न नहीं करना पड़ा। धानी रंग में चौड़ा मूँगा पाड़ और वैसी ही मूँगा डोरियाँ। दाम थे सात या आठ रुपये। उन दिनों सात-आठ रुपये में ही जो साड़ी मिलती थी, वह आज शायद सौ में भी नहीं मिलेगी। इतने में ही चतुर दुकानदार ने एक और गट्ठा खोलकर रख दिया, "एटाओ नीन माँ, एके बारे लतून डिजाइन (इसे भी लीजिए, माँ, एकदम नई डिजाइन है।)" उसने अपने मीठे वीरभूमि लहजे में कहा, और भाभीजी देखते ही उस पर रीझ गईं। पीला रंग, लाल चौड़ा पाड़, पाड़ में खिले कमल के लाल-लाल फूल, तरंगित लताओं से लगे पद्‌म पत्र और डोरे से उभरी पंक्ति—सीमंतेर सिन्दूर अक्षय होक। (माँग का सिन्दूर अक्षय हो)। साड़ी पूरे पन्द्रह की थी।

दाम देखकर भाभीजी का चेहरा म्लान हो गया। गाँठ में तो एक दस का ही नोट बचा था। मेरी ही छाँटी साड़ी को उन्होंने बड़ी अनिच्छा से उठाया और विवश लोलुप दृष्टि से उस पीली साड़ी को देखकर कहा, "थाक, ऐखन टाका नेंई (रहने दो, अभी रुपये नहीं हैं)।"

"निए जान निए जान, माँ, टाका पाठिए देबेन (ले जाइए, ले जाइए, माँ, रुपये भेज दीजिएगा)।"

"नहीं, भाभीजी," मैंने उन्हें टोक दिया, "आपको यह देहाती साड़ी नहीं लेनी होगी।"

"तू चुप कर, आई है इसे देहाती साड़ी कहनेवाली!" हाथ की साड़ी पटक उन्होंने फिर वही देहाती साड़ी खरीद ली थी।

अष्टमी के दिन जब उन्होंने वह साड़ी पहनी तो खिल गई थीं। मुँह में गुलगुलाता पान का बीड़ा, गोरे दमकते ललाट पर बड़ा-सा ईंगुरी टीका, लाल रेशमी चूड़ियाँ, माँग-भर सिन्दूर और उसी से मेल खाता वह लाल पाड़, जो अपने खिले कमल, पद्म पत्र और उस पंक्ति के साथ ठीक माथे के ऊपर छत्र-चामर-सा डोल रहा था, "सीमन्तेर सिन्दूर..."

यही नहीं, इसके बाद उस साड़ी को पहने एक दिन भाभीजी की प्रतिवेशिनी आलो बऊदी (आलो भाभी) को देखा, तो भाभीजी ने चट मेरे कान में फुसफुसाकर कहा, "देखा, मेरी वही साड़ी है जिसे तू मूरख देहाती कहती थी; आज तीसरी बार माँगी गई है।"

मेरे अड़तीस वर्ष बाद, एक बार फिर मुझे भाभीजी के लिए साड़ी चयन का सौभाग्य प्राप्त हुआ। दोनों तब राजभवन के फ्लैट में रुके थे। पंडितजी कलकत्ता से लौटे थे। मैंने जाते ही भाभीजी का छोटा-सा टीन का बक्सा खोला, "देखूँ, कलकत्ता से कौन-सी साड़ी आई है आपके लिए?"

"देखा," भाभीजी ने पान लगाते-लगाते मुस्कराकर पंडितजी से कहा, "इसकी पुरानी आदत अभी भी नहीं गई। तब भी आते ही मेरा बक्सा खुदबुदाती थी।"

मैंने देखा, उस निरीह बक्से में अब भी वे ही ढाक के तीन पात थे—तीन गुड़ी-मुड़ी साड़ियाँ, जैसे घड़े से निकाली गई हों, एक शाल और पानबहार का डिब्बा।

"छिः छिः! पंडितजी," मैंने कहा, "इतना बड़ा रवीन्द्र पुरस्कार भी मिला, तब भी भाभीजी के बक्से में वे ही तीन सूती साड़ियाँ—दशा देखिए जरा, मैं

ले जा रही हूँ, भाभीजी, इस्त्री कराके दे जाऊँगी।"

"अच्छा रख दे तो बक्से में। इस्त्री-विस्त्री नहीं करानी होगी। रेशमी साड़ी हमने इस्त्री करने रख दी है..."

"पूछ, कहाँ इस्त्री हो रही है?" पंडितजी ने मुस्कराकर कहा।

मैंने कुछ नहीं पूछा। मैं जानती थी, इसी से गद्दा उठा दिया। भाभीजी की साड़ी हमेशा ऐसे ही गद्दे के नीचे दबी रात-भर पड़ी रहती।

"धोबी को बेकार पैसा दूँ, ऐसी मूरख नहीं हूँ मैं।" उन्होंने कहा।

"वाह, क्या बढ़िया इस्त्री हुई है...देखिए।" मैंने साड़ी निकालकर उन्हें दिखाई। सैकड़ों शिकनों से भरी साड़ी देख पंडितजी ठठाकर हँसे, फिर बोले, "आज इन्हें अपने साथ ले जाकर एक चिकन की साड़ी खरीदवा ला, बहुत दिनों से इनका मन है। कितने तक आ जाएगी?"

"कम-से-कम डेढ़ सौ।" मैंने कहा तो भाभीजी तुनक गईं—"इससे क्यों पूछते हो? सूती साड़ी, और डेढ़ सौ। उँह! अजी, तीस-चालीस में खूब बढ़िया आ जाएगी। इसे बकने दो।"

"तब आप ही जाकर खरीद लाइए, मैं नहीं जाऊँगी। साड़ी का क्या, तीस में भी आ जाएगी, पर आपको अच्छी साड़ी खरीदनी है या बनारसी गमछा?"

"ऐ गउरा!" भाभीजी ने आँखें तरेरकर मुझे देखा, "हमसे कानून मत छाँट! पचास दीजिए, हम ले आएँगी।"

बड़ी बहस के बाद सौ रुपये लेकर हम जाने लगे तो मैंने कहा, "पंडितजी, इतनी धूप में अमीनाबाद तक जाते रिक्शा में दम निकल जाएगा। आपकी गाड़ी बाहर खड़ी है, ले जाएँ क्या?"

"नहीं।" पंडितजी ने डपटकर कहा, "सरकारी गाड़ी है, अमीनाबाद में चिकन की साड़ी खरीदने के लिए नहीं। मैं गाड़ी में न रहूँ और तुम दोनों जाओ, ठीक नहीं लगता..."

"तब आप भी चलिए ना," मैंने धृष्टता से कहा था, "लोग सोचेंगे आप संस्थान के काम से आए हैं।"

"क्यों नहीं, संस्थान के लिए रेवड़ी-गजक खरीदने .... क्यों? जा-जा बहस मत कर।"

"अरे इनसे क्यों माथा मारती है," भाभीजी बोलीं, "इनके 'फलाँ' चाहे पत्नी को लेकर इसी गाड़ी में दिन-भर इधर-उधर घूमें, पर यह हैं राजा हरिश्चन्दर!"

बहुत दिनों बाद जब पंडितजी को संस्थान के काम के लिए भी यह गाड़ी नहीं दी गई और उन्हें रिक्शा में जाते देख, मैंने 'वातायन' में उस अन्याय की आलोचना की, तो पंडितजी ने मुझे फटकारा था, "क्या लिख देती है तू? रिक्शा में चला गया तो कौन-सी आफत आ गई?"

"नहीं, एकदम ठीक लिखा तूने, शाबाश!" भाभीजी ने मेरी पीठ थपथपाई थी, "इन्दिराजी होतीं तो हिम्मत थी किसी की?"

बात एकदम ठीक कही थी उन्होंने! अपने आश्रमगुरु का इन्दिराजी जो सम्मान करती थीं, उसकी चर्चा प्रायः ही स्वयं पंडितजी किया करते थे। आज जनता शासन अपने कृतित्व की लाख प्रशंसा करे, इसमें कोई सन्देह नहीं कि अपने उस संक्षिप्त स्वप्रशंसित शासनकाल में अपने उस वरिष्ठ साहित्यिक को वह सम्मान वह नहीं दे पाया जो उनका जन्मसिद्ध अधिकार था।

उस दिन हम रिक्शा में ही गए और वर्षों बाद जैसे हम दोनों एक बार फिर बोलपुर की कुंजगलियों में पहुँच गए थे। मैंने खींचकर भाभीजी को नेतराम की गर्म जलेबियाँ खिलाईं। शिवमन्दिर के पास की दुकान से ठेठ मघई पान खिलाकर कहा, "भाभीजी, सुना है, कमलापति त्रिपाठी के लिए इसी दुकान का पान हमेशा जाता है।"

पान गुलगुलाते ही उन्होंने किसी अनुभवी हीरे के जौहरी की भाँति उसे परख दिया, "हाँ भई, है तो असली मघई।"

छंगामल की दुकान में गए, तो उसने एक से एक दर्शनीय चिकन की साड़ियों का अम्बार लगा दिया, पर एक भी दो सौ से कम नहीं। भाभीजी का चेहरा एक बार फिर वैसा ही म्लान पड़ गया, जैसा बोलपुर की उस छोटी-सी दुकान में पड़ा था। मैंने दूसरा गट्ठर खुलवाया और एक सुन्दर-सी बादामी पसन्द कर उठा ली। दाम भी थे कुल अस्सी।

"यह तो एकदम बुढ़ौना रंग है री, जरा गहरा छाँट।" उन्होंने कहा।

"मैंने आपकी उम्र से मेल खाता रंग छाँटा था।" मैंने चुटकी ली।

"अरी, हमें कौन अपने लिए लेनी है।" उन्होंने धीमे स्वर में कहा।

"तब?" मैं चौंकी।

"बहू को दूँगी री, उस बेचारी का बहुत मन था। अब उसी के दिन तो हैं पहनने-ओढ़ने के। पर सुन, अपने पंडितजी से कुछ मत कहना।"

मैं नहीं जानती वह साड़ी उनकी किस भाग्यशालिनी पुत्रवधू को मिली, पर आज के इस घोर स्वार्थी युग में कितनी सासें निष्कपट औदार्य से वार्धक्य

में दी गई पति की प्रेमभेंट ऐसे स्नेहभाव से बहू को थमा सकती हैं?

इसके कुछ महीनों बाद फिर मुझसे मिलने लखनऊ आईं तो बड़ी जल्दी में थीं, "बड़ी जल्दी में हूँ, ले इसे रख ले।" उन्होंने भुने चबेने की थैली मुझे थमाई, "तेरे लिए लाई थी, तुझे बहुत पसन्द है ना!" मुझे उनके हाथों का बना वह भुना चिवड़ा बहुत पसन्द था। पता लगा, छोटे पुत्र के लिए कोई रिश्ता आया है, लड़की लखनऊ में ही है, उसे देखने के लिए दोनों जा रहे हैं।

"मैं भी चलूँ?" मैंने पूछा।

पंडितजी बड़े उत्साह से बोले, "चल, चल, तैयार हो जा, देर मत करना।"

"नहीं," भाभीजी ने गम्भीर होकर कहा—पर चुहल उनकी पान की पीक के साथ होंठों पर उतर आई, "इसे मत ले चलो, यह है मेमसाहब, बीसियों मीन-मेख निकालेगी। कुछ पसन्द नहीं आया तो चट से वहीं कह देगी।"

"अच्छा," मैंने कहा, "वह दिन भूल गईं जब साड़ी पसन्द करवाने भी मुझे साथ बोलपुर ले जाती थीं?"

"वह तो अब भी ले जाती हूँ, पर बहू पसन्द करवाने नहीं..." वह हँसीं और बोलीं, "मुँह क्या देख रही है, जा जल्दी साड़ी बदल आ।"

"नहीं, भाभीजी, मुझे अभी काम से बाहर जाना है..." मैं नहीं गई थी।

जाना मुझे कहीं नहीं था, पर भाभीजी ने ठीक ही कहा था, उन दो असाधारण व्यक्तित्वों के साये में, मैं जिसे भी देखती उसकी अल्पज्ञता की ही मेरी दृष्टि में प्रखर होने की सम्भावना थी।

इसके बाद हैदराबाद गई, तो तितिल ने बताया, माँ बीमार हैं। रक्तहीनता बहुत बढ़ने पर ही तब पता चला जब वह एक बार गिर पड़ीं। पंडितजी उन्हें दिखाने लखनऊ लाए तो अकेले ही मुझसे मिलने आए।

"चल मेरे साथ, जरा समझा उन्हें, कल समय भी ले लिया है पर कहती हैं नहीं जाएँगी, न दिखलाएँगी, न अब रक्त लेंगी।"

पंडितजी का चेहरा काला पड़ गया था, दीर्घ देह झुककर सिकुड़ गई थी। पहली बार मुझे लगा कि पंडितजी जीवन की बाजी हार रहे हैं।

"पंडितजी," मैंने डरते-डरते पूछा, "कहीं...?"

"नहीं... नहीं," मुझे बीच में ही रोककर, उन्होंने जैसे स्वयं अपने सहमे चित्त की उसी शंका को जोर-जोर से खंडन कर बुहारना चाहा, "कैंसर-वैंसर नहीं है, पर्निशस एनीमिया है, कई बार पहले भी खून दिया जा चुका है..."

मैं गई तो देखा, भाभी बैठी पान लगा रही हैं, एकदम वैसी ही। शरीर में किसी रोग का कोई चिन्ह नहीं। पर, तभी हमारी आँखें मिलीं, और उन्हीं आँखों में चिरन्तन साहचर्य के सम्भावित विछोह का भय जैसे स्थिर होकर जम गया था। मैं उसी क्षण समझ गई थी कि आसन्न मृत्यु की पदचाप उन्होंने सुन ली है।

"अब हम गोदागोदी नहीं करने देंगी। अचार के नींबू-सा गोद दिया है, देख..."

उन्होंने अपनी बाँहें दिखाईं। सचमुच ही गोदने की स्याही बाँहों में उभरकर फैल गई थी। "मैं क्या तुझे बीमार लगती हूँ?"

बड़ी चेष्टा से फिर उन्हें मेडिकल कालेज ले गए थे। यही मेरी उनसे अन्तिम भेंट थी।

कौन जानता था कि जो सामान बाँधे जाने को तत्पर खड़ी हैं वही पिछड़ जाएँगी और जिन्हें नहीं जाना था वह चटपट पहले चले जाएँगे?

आज भाभीजी की मृत्यु का समाचार भी मिला, पूरे एक महीने बाद। ठाकुरप्रसाद सिंह का पत्र सामने धरा है, "पिछले दिनों बनारस गया, पंडितजी तो गए ही, उनके पीछे माताजी भी चली गईं। शाम को उनके उस विशाल मकान के सामने खड़ा हुआ जिसमें ताले लगे हुए थे और कहीं पर रोशनी नहीं थी। मुझे डेढ़ साल पहले कहे गए पंडितजी के कुछ वाक्य याद आए। और जी भर आया। उन्हें बनारस छोड़ने में इसलिए कष्ट होता था कि वह इस मकान को बहुत पसन्द करते थे। लेकिन उन्हें डर था कि जब वह नहीं रहेंगे तो इसमें कोई दीया जलानेवाला भी नहीं होगा। शायद उनके मकान के बाहर की चटपटी देवी का प्रताप है यह सब! अक्सर जब वह घर से बाहर निकलते थे, तो घूमकर देवी को झुककर नमस्कार करते थे, इस विश्वास के साथ कि जिस काम के लिए वह जा रहे हैं, वह चटपट हो जाएगा। मेरा ख़याल है कि बिना किसी से बताए हुए ही उन्होंने देवी से अपनी मुक्ति की प्रार्थना की होगी, और हमेशा की तरह देवी ने इस बार भी उनकी बात मान ली होगी..."

शायद ऐसा ही हुआ हो।

आज अपने एकान्त में इन दुर्वह क्षणों में, अन्तरात्मा के चाबुक रह-रहकर मेरी चमड़ी उधेड़ रहे हैं। बार-बार भाभीजी के पास जाने का निश्चय करने पर भी मैं क्यों नहीं जा पाई? पंडितजी की मृत्यु का समाचार सुनते ही कितनी

बार जी में आया था कि भागकर उनसे लिपट जाऊँ। क्या अपने अभिनन्दन के लिए मेरा इन्दौर जाना उतना ही जरूरी था? अपने उस सम्मान की ओछी ललक के सामने मुझे जननी-सी प्रिय उस गुरुपत्नी का स्नेह, वात्सल्य सब भूल-बिसर गया। किन्तु मनुष्य का अन्तर् भी कैसा विचित्र है! कभी उसे उपालम्भ से बींधता है, कभी स्वयं उसी की कैफियत दे उसे ढाढस बँधाता है। इन्दौर स्वीकृति बहुत पहले भेज चुकी थी। उनके कार्ड छपकर बँट चुके थे। हवाई टिकट भी मुझे भेज दिया गया था। न जाती तो कैसी अभद्रता होती! फिर लौटते ही बीमार पड़ गई।

पर अब सोचती हूँ, अच्छा ही हुआ, नहीं गई। लाल टीके से विरहित उस दमकते शून्य ललाट को, चूड़ी-विहीन उन रिक्त कलाइयों को देख लेती तो शायद उनकी वही वैधव्यदग्ध छवि मुझे जीवन-भर सालती रहती। मेरी स्मृति के जीर्ण एलबम में तो उनका वह धुँधला-सा भूरा दुर्लभ चित्र अभी भी लगा है। मुँह में पान का बीड़ा, हाथ में छनकते रेशमी लच्छे, गोरे ललाट पर सिन्दूर का बड़ा-सा टीका, माँग-भर सिन्दूर और उसी से मेल खाता माथे पर छत्र-चामर-सा डुलाता, हावड़ा हाट की पीली साड़ी का लाल चौड़ा पाड़—पाड़ में फैली लाल कमल की पंखुड़ियाँ, तरंगित लताओं के बीच लाल डोरे की उभरी वह पंक्ति—"सीमन्तेर सिन्दूर अक्षय होक।"

एक अनाघ्रात पुष्प

मेरे सामने, राजभवन की आधी दीवार घेरे, बेगम समरू का विशाल तैल चित्र, मुस्करा रहा था। सचमुच ही कैसा रोबदार व्यक्तित्व है इस महिला का! चुस्त चूड़ीदार पर, मणिपुरी नर्तकी का-सा, कड़ी कलफ में सधा कुर्ता, गले में मोतियों की कंठी, तूलिका से अंकित-सा बंकिम भ्रू-विलास और क्रूर पतले अधरों का रहस्यात्मक स्मित। चेहरा अनुभवी संसारी प्रौढ़ा का है, किन्तु आँखों में है नवतारुण्य! कभी गांधीजी ने कहा था कि “मैं रस्किन का अध्ययन करूँ तब उसे समझूँ, या वह स्वयं समझाए तब समझूँ, इसे मैं कला नहीं कहता, कला वह है कि मैं चुप रहूँ और वह बोले।” बेगम का यह चित्र ऐसा ही सजीव है। लगता है—अभी झुककर, वह सामने रखी पेंचदार सुनहली नली को होंठों में दबा, लखनऊ के अम्बरी तम्बाकू की कश लगाकर, राजभवन की दिशाएँ सुवासित कर देगी। ‘चलिए हुजूर’ नम्रता से दुहरा होकर राजभवन की लाल वर्दी में, लखनऊ के मिट्टी के खिलौने-सा सँवरा अर्दली, मुझे मखमली सीढ़ियों का पथ दिखाने लगा तो मैं चौंकी। लखनऊ के राजभवन की सज्जा में अब भी मुगलकालीन सज्जा की स्पष्ट छाप है। समय के साथ-साथ राजभवन के राजनयिक शिष्टाचार (प्रोटोकोल) में भी अब बहुत कुछ परिवर्तन हो गया है। मैं शिलांग राजभवन का वैभव तब भी देख चुकी हूँ, जब बंगाल के आंग्ल राज्यपाल वहाँ ग्रीष्मावकाश में आया करते थे। मेरी एक सहपाठिनी के पिता को रायबहादुरी का खिताब मिलने पर उन्हें सपरिवार लाटसाहब की ‘गार्डन पार्टी’ में आमन्त्रित किया गया था। उस प्रोटोकोल की फौजी कवायद को मैं अभी भी नहीं भूल पाई हूँ। मई की सड़ी गर्मी में भी, स्टिफ-स्टार्च कॉलर एवं टाई का अनिवार्य फाँसी-फन्दा, गले में लटका, रायबहादुर साहब ने हमें एक सौ बीस हिदायतें एकसाथ दे डाली थीं। “तेज व ख़ुशबूदार तेल मत डाल

बैठना कहीं, इन लाटसाहब की मेम लोगों को हमारे इत्र-फुलेल की ख़ुशबू से ही जुकाम हो जाता है, और खबरदार! कहीं डकार-वकार मत निकाल बैठना, समझीं?" एक बार, एक जज साहब की सारी जजी इसी बात पर चुटकियों में निकल गई थी। और कब किस जज की जजानी ने लाटसाहब की गार्डन पार्टी को अपनी अभागी डकार से मलिन कर दिया था, यह सब रायबहादुर सेन, हमें ईसप की कहानी की भाँति सुनाते, जिससे हम सावधान बनी रहें।

अब राजभवन के नियम निश्चय ही उतने अमानवीय नहीं रह गए हैं, पर मखमली पर्दे, विशाल भित्तिचित्र, लाल वर्दीधारी अर्दली, चाबीदार खिलौनों से यन्त्रचालित ए.डी.सी. अब भी राजभवन के नाम को सार्थक करते हैं।

उत्तर प्रदेश के, इस महिमामय राजभवन की राजमहिषी कितनी सरल एवं इस प्रोटोकोल से कितनी अछूती हैं, शायद इसे बहुत कम लोग जानते होंगे।

श्रीमती लक्ष्मी कान्तम्मा रेड्डी से मेरा परिचय कोई पच्चीस वर्ष पुराना है। उस शान्त, दुबली-पतली लड़की के साँवले आकर्षण ने मुझे पहले ही दिन बाँध लिया। दो वर्षों तक, हम शान्तिनिकेतन में, वयस एवं कक्षा का अन्तर होने पर भी, अटूट मैत्री के सूत्र में बँधी रहीं, फिर विवाह होते ही उत्तर-दक्षिण में पच्चीस वर्षों तक भटक गईं।

इतने वर्षों पश्चात, जब नैनीताल में फिर उनसे मिलने गई तो कितने ही तर्क-वितर्क मुझे बींधने लगे। पच्चीस वर्ष पूर्व 'सुदर्शन महल' की स्वामिनी ने जैसे गले मिलकर नीलोर में मेरा स्वागत किया था, क्या आज भी वैसे ही सरल स्नेह की गलबहियाँ दे पाएगी? क्या हम दोनों के बीच, राजभवन के आईन-कानून की दीवार, स्वयं ही नहीं खड़ी हो जाएगी? क्या मुझे यह बार-बार स्मरण रखना होगा कि मेरी सखी अब वह कान्तम्मा दी नहीं हैं, जिनकी लुभावनी दक्षिणी साड़ियाँ, मैं उनके बक्से से बड़ी बेतकल्लुफी से निकालकर, पहन लेती थी? जिनके गले की सोनेमढ़ी शंखमाला, साल में छह महीने, मेरे ही कंठ की शोभा बढ़ाती थी।

नैनीताल के राजभवन में मैं पहले भी तीन-चार बार जा चुकी हूँ। इन्द्रपुरी की छटा को भी लज्जित करते, इस गगनचुम्बी राजभवन की छटा वास्तव में दिव्य है। अनुभवी हाथों से लगाए गए फूलदान, सधे चातुर्य से चमकाई गई लम्बोदर गजानन की पीतल की मूर्ति, दीवार पर लटके, शायद लेडी हैलेट के अंकित जागेश्वर के चित्र, आदमकद शीशे, जिनमें स्वयं अपना प्रतिबिम्ब ही दम्भ से मुस्कराता, अनजाना बना आँखों से टकराने लगता है।

गुदगुदे कालीन पर बिल्ली जैसे पंजे धरता अर्दली मुझे भीतर लिवा ले गया।

मेरी शंका निराधार थी।

मेरे सम्मुख वही चिरपरिचिता स्नेही आकृति मुस्कराती खड़ी थी। अचानक गुदगुदे कालीन, लटकते झाड़-फानूस, चमकते अर्दली किसी अरण्य में विलीन हो गए। पच्चीस वर्ष से बिछुड़ी हम दोनों एक बार फिर 'श्रीभवन' के उसी कमरे में पहुँच गई थीं।

मैं कहती, "तुम मोटी हो गई हो।"

वह कहती, "तुम।"

राजभवन में उस दिन अतिथियों का मेला जुटा था। लिपस्टिक के विभिन्न शेड, पैरों से चिपकी चूड़ीदार, उस्तरे की धार-सी सधी पैंट की क्रीज़ की छटा देखते ही बन रही थी। राजभवन की बड़ी-सी मेज पर, मोमबत्ती के प्रकाश में, सुस्वादु व्यंजनों के बीच भी मैंने पच्चीस वर्ष पुराने लाल आम के दक्षिणी अचार को पहचान लिया, यही नन्ही चटपटी फाँक न जाने कितनी जीभ और आँतों को होस्टल में भी जलाती थी। एक शीशी में भरकर कान्तम्मा दी इसे साथ लातीं और देखते ही देखते शीशी साफ़ हो जाती।

पास ही की मेज़ पर, राजभवन में ठहरे किसी सम्मानित अतिथि के पुत्र के सातवें जन्मोत्सव के उपलक्ष्य में एक जहाजनुमा केक पर सात नन्हीं मोमबत्तियाँ जगमगा रही थीं।

"कान्तम्मा दी, तुम्हें यह नित्य के आयोजन-उत्सव की भीड़ से कभी सिरदर्द नहीं होता?" मैंने चुपके से पूछा, उत्तर में वह हँस दीं। मैं जानती थी कि वह स्वभाव से ही प्रदर्शन, साज-सज्जा या भीड़भाड़ से विरक्त थीं। आश्रम में भी मैंने कभी उन्हें भड़कीली साड़ियाँ पहने नहीं देखा। बहुत आग्रह करने पर वह एक अंग्रेजी नाटक 'बिशप्स कैंडिलस्टिक्स' में अभिनय करने को राजी हो पाई थीं। आश्रम में उत्सव-आयोजन का नित्य मेला लगा रहता, पर कान्तम्मा दी को घसीटकर ही ले जाना पड़ता। आज राज्यपाल महोदय के साथ वह प्रायः प्रत्येक उत्सव पर उपस्थित रहती हैं।

एक विदेशी उक्ति है कि 'पत्नी का विवाह केवल पति से ही नहीं होता, उसके पद से भी होता है।' कान्तम्मा दी पति की ही नहीं, उनके महिमामय पद की भी आदर्श पत्नी हैं, इसमें कोई सन्देह नहीं।

मैं जानती हूँ कि बोटहाउस की बनावटी चहल-पहल से उन्हें नैनादेवी के

भव्य मन्दिर की झाँकी अधिक रुचती है। देशभ्रमण, साधु-सन्तों का समागम उन्हें स्वभाव से ही प्रिय है। एक बार जब उनके पति कुरुनूल में मुख्यमन्त्री थे, उन्होंने मुझसे एक लम्बी चिट्ठी में कितनी ही बातें पूछी थीं—क्या मैंने अमुक स्वामीजी के दर्शन किए हैं? क्या मैं उस तापसी माँ से मिली हूँ? उत्तरप्रदेश के कौन-कौन से मन्दिर प्रसिद्ध हैं? आदि-आदि।

शायद यह शान्त स्वभाव उन्हें अपने पिता से विरासत में मिला है। उनके पिता, श्री रामा रेड्डी अपने समय के प्रसिद्ध देशसेवी रह चुके हैं। बहुत बड़ा अहाता घेरे, उनका 'सुदर्शन महल' भी बहुत कुछ अंश में राजभवन का ही छोटा संस्करण लगता था, फिर भी उनका रहन-सहन अत्यन्त सरल था। शायद मायके के इसी सरल आडम्बरहीन जीवन ने कान्तम्मा दी को श्वसुर-गृह की सादगी के लिए बहुत पहले ही गढ़ लिया था। आज उनका सहज व्यक्तित्व उनके सरल स्वभाव का जीता-जागता प्रतिबिम्ब है। पति के सर्वोच्च पद का मदज्वर उन्हें न डँस पाया है, न कभी डँस पाएगा।

राजभोज के पश्चात् हम दोनों ऊपर आईं तो कान्तम्मा दी ने अलमारी से एक सादी—घर की धुली खादी की साड़ी निकालकर पहन ली। एक कोने में मुट्ठी-भर, दक्षिणी रेशमी साड़ियाँ पड़ी थीं। "मैं तो सोचती थी तुम्हारी अलमारी रेशमी साड़ियों से ठसाठस भरी होगी।" मैंने कहा।

वह हँसीं, "तुम तो जानती ही हो, मुझे साड़ियों और गहनों से कभी कोई विशेष लगाव नहीं रहा।"

जिस इन्द्रासन पर वह बैठी हैं, उस पर आसीन कितनी इन्द्राणियाँ आज वैसा कह सकती हैं? हम अगल-बगल के पलंगों पर लेटीं, वर्षों पूर्व की स्मृतियों में डूबती उतरा रही थीं कि कान्तम्मा दी का सबसे छोटा पुत्र उनके कान में आकर नालिश-सी करने लगा। कान्तम्मा दी उसे अपने कान से हटाकर हँसने लगीं।

"क्या कह रहा है?" मैंने पूछा।

"कहता है, मेरे जन्मदिन पर तो तुमने खाली साम्बार-भात बनाकर खिला दिया, आज इतना बड़ा केक कैसे बनाया?"

"ठीक ही तो कह रहा है," मैंने कहा, "आखिर लाटसाहब का बेटा है। तुम्हें चाहिए था कि उसी के क़द का केक बनवातीं।" पर मैं नन्हें नालिश करनेवाले की माँ को पच्चीस वर्षों से जानती हूँ। वह राष्ट्रपति का पुत्र हो या लाटसाहब का, वह सदा एक ऐसी आदर्श माँ का पुत्र रहेगा, जिसे आडम्बर,

विज्ञापन एवं प्रदर्शन से कभी कोई लगाव नहीं रहा।

आज जब मैं लखनऊ राजभवन में उनका इण्टरव्यू लेने पहुँची, तो उन्होंने हँसकर अंग्रेज़ी में कहा, "मेरे विषय में कुछ मत लिखना, मैं कोई महान् स्त्री नहीं हूँ।"

मेरी दृष्टि में वह एक आदर्श पत्नी, आदर्श जननी एवं आदर्श मित्र हैं और मैं सोचती हूँ कि जिस व्यक्ति में इन तीन अलभ्य गुणों का समन्वय हो, वह निश्चय ही एक महान् व्यक्तित्व है।

कहीं पढ़ा था–"सबसे सुगन्धवाली स्त्री वह है, जिसकी गन्ध किसी को नहीं मिलती।" मुझे लगता है, यह उक्ति लक्ष्मी कान्तम्मा रेड्डी के लिए ही लिखी गई है।

राजभवन के नन्दनवन में खिलने पर भी वह सदा एक अनाघ्रात पुष्प ही रहेंगी।

आपबीती

आज एक विस्मृत राजप्रासाद के अन्तःपुर की स्मृति मुझे बीस वर्ष पूर्व हुई एक अपूर्व गोष्ठी के बीच बार-बार खींच रही है। कैसा आश्चर्य है कि जहाँ कहानी की सृष्टि अपने बस की बात नहीं है, प्रसव-वेदना की भाँति वह स्वयं अपना समय निर्धारित करती है, वहीं पर संस्मरणों की मंजूषा, कभी भी किसी उजड़े इत्रफरोश की काँच-लगी रिक्त मंजूषा की भाँति ढक्कन खोलते ही अपनी मादक भ्रामक सुगन्ध से सूँघनेवाले को भावविभोर कर देती है।

बुन्देलखंड की सुरम्य पृष्ठभूमि में कँकरीली छोटी-मोटी ऊबड़-खाबड़ पहाड़ियों के बीच खड़ा ऐतिहासिक दुर्गद्वार। छोटे-मोटे जालीदार झरोखों से झाँकती मृगनैनियाँ, टेढ़ी-मेढ़ी मारवाड़ी घाघरे की-सी घुमावदार लोहे की सीढ़ियाँ और पीतल के चमकते, कील-जड़े ठेठ बुन्देलखंडी ऐसे लौहे कपाट, जिन्हें कभी औरंगजेब की निर्मम गोलाबारी भी नहीं हिला सकी थी। कई छोटे-मोटे दालान, संगमरमर के बने तुलसी के चौरे पारकर किले के अन्तःपुर की विराट् ड्योढ़ी के प्रांगण में पहुँचती हूँ।

बाँका जयपुरी लहरदार साफा और तंग जोधपुरी पर सफेद बन्द गले के शार्कस्किन का कोट पहने ड्योढ़ी अफ़सर बिरजन भैया अतिथियों की सूची बना रहे हैं। आठ-दस मालिनें दक्ष हाथों से बड़े-बड़े कनेर और लाल-हरी पन्नी से सजाती बेले के गजरे गूँथ रही हैं। महल के कल्लू दरजी को दम मारने की फुर्सत नहीं है। राजकन्या के नाटक के लिए विशेष पोशाक बनाने का सम्मान मिला है उसे! उधर राजकन्या के मुख्य कमरे की सज्जा का कहना ही क्या! शेर की चमड़ी से मढ़े उनके पीतल के काठियावाड़ी हिंचड़े पर हल्की-हल्की पेंगें लेती, सोने के पानदान से गुलाब-जल भीगे सुवासित मघई पान गुलगुलाती स्वयं महारानी साहबा रंगमंच बनवा रही हैं। क्या सौम्य आकृति है बा साहब की

और कैसा अनोखा रोबीला कण्ठस्वर! कान में झूल रहे हैं हीरे के नन्हे-से झुमके, पैरों में पड़ी सोने की पायजेब हर पेंग के साथ झलझला उठती है। शरीर कुछ भारी होने पर भी चाल में एक अलग गरिमा है; किन्तु सबसे आकर्षक है उनकी स्नेहसिक्त मुस्कान। विशेष प्रकार से तीन बार झुककर उनको प्रणाम करने का कठोर नियम है। एक लम्बे अरसे से बोर्डिंग में रहने के कारण सब रियासती अदब-कायदे भूल जाती हूँ, पर जितनी ही बार उस तेजस्वी चेहरे से दृष्टि टकराती है, वे हँसकर पीठ थपथपा स्वयं ही मूक क्षमादान दे देती हैं। किले में आज विशेष 'गोठ' अर्थात गोष्ठी है। राज-परिवार की राजकन्या और उनकी सखियाँ गोष्ठी में अपना नाटक प्रस्तुत कर रही हैं, 'लक्ष्मी का स्वागत'। कई परिचारिकाएँ बारी-बारी से सोने-चाँदी के गंगा-जमनी गिलासों में सुवासित जल लाकर, पात्रियों के सुकुमार कंठों को निरर्थक सिक्त कर रही हैं। आकर्षण का मुख्य केन्द्र बनी हैं राजकन्या, जिन्हें बुन्देलखंड में 'राजा' कहकर पुकारा जाता है। उनकी ताई-चाची अर्थात् सँझली, मँझली, और छोटी रानी भ्रमरावलि उनके चारों ओर गुनगुना रही हैं। "हाय, बारी जाऊँ! राजा को देखो, उनके सुन्दर चाँद-से मुखड़े पर मूँछें कैसी फब रही हैं!"

"अरी कानबाई, कहाँ मर गई निगोड़ी! चून-मिर्च की नजर उतारकर चौबारे पर तो धर आ, उमर गुजर गई रजवाड़ों में, पर मुई किले की एक राह-रस्म नहीं सीख पाई।" वृद्ध कानबाई कानों से नहीं सुनती, इसी से खीस निपोर देती है। उसकी गर्दन भरतनाट्यम करती दक्षिणी गुड़िया की गर्दन की भाँति सदा हिलती रहती है। पक्षाघात का एक झटका उसे यह विचित्र मुद्रा प्रदान कर गया है। वह राजा की मुँहलगी दासी है और बचपन से ही उसने उन्हें गोद में खिलाया है। लाड़ में पली उसकी राजा, जिनके चरण पृथ्वी पर पड़ते ही वह 'खम्मा-खम्मा' कह विह्वल हो उठती है, अचानक इस नाटक के अखाड़े में कूद पड़ी है, यह उसे नहीं भाता। उसका सारा आक्रोश मुझ पर है, मैंने ही इस नाटक का प्रस्ताव रखा था।

दूसरी दासी अजोबाई बड़ी गम्भीर और सलीकेवाली है। चपला राजकन्या और उनकी सखियाँ; अजोबाई की स्पष्ट मूँछ और नन्हीं-सी दाढ़ी का मज़ाक उड़ाती रहती हैं, पर वह निर्निकार भाव से, परिहास गरल, नीलकंठ बनी ग्रहण करती रहती हैं।

"क्यों री अजोबाई, तुझे एक छोटा-सा उस्तरा भेंट कर दूँ? या बुन्देलखंडी दाढ़ी रखेगी वैसी, देख?" राजा विशाल भित्ति-चित्रों को दिखाती है, जहाँ बीच

से दाढ़ी की माँग निकाल जापानी पंखे की-सी सज्जा में छिटकाए राजवंश के अनेक बुन्देलखंडी पूर्वज मुस्करा रहे हैं। अजोबाई अपनी स्निग्ध हँसी से सबका मन मोह लेती है। "आज तो अन्नदाता की भी मूँछ बनी हैं, आप ही बताएँ सरकार, दाढ़ी-मूँछ रखूँ या उस्तरा?"

भौं बनानेवाली पेंसिल से बनी नकली मूँछों की स्वामिनी अठारह वर्ष की सुन्दरी अन्नदाता अपने मोती के-से दाँत दिखाकर हँस देती है। गोठ रंग पकड़ रही है। दर्शकों का आना आरम्भ हो गया है। दरबार हॉल खचाखच भर गया है। पन्ना से 'फूआजू' का आगमन, इसी विशेष अवसर के उपलक्ष्य में हुआ है। उन्हें संगीत, अभिनय में विशेष रुचि है। उनके पीछे-पीछे उनकी दासियों की चींटी की-सी लम्बी कतार चल रही है। दर्शक-मंडली अधीर हुई जा रही है, एक तो दर्शकों में केवल स्त्रियाँ हैं, इसी से कोलाहल बढ़ता जा रहा है। बीच-बीच में 'फूआजू' रोबीले स्वर में सबको घुड़क देती हैं, "चुप करो सब, बढ़िया तमाशा है, बातें बन्द करो।" क्षण-भर के लिए हॉल में सन्नाटा छा जाता है, पर आज तक कौन-सी शक्ति सम्मिलित नारी-कंठ का कलकल निनाद रोक पाई है! क्षण-भर की चुप्पी दुगुने वेग से बह निकली है।

प्रसाधन-कक्ष में किसी को आने की अनुमति नहीं है, फिर भी लुक-छिपकर वैसी ही ताक-झाँक चल रही है, जो प्रायः किसी भी नाटक के आरम्भ होने के पूर्व चला करती है। कभी एक-आध नकली गलमुच्छे और कभी तलवार-छाप मूँछ की सुई की-सी तीखी नोक दिख जाती है। साथ ही सँझली, मँझली और छोटी रानी हँसते-हँसते लोटपोट हो जाती हैं। "हाय-हाय, मरी लीलू को तो देखो, कोट-पैंट में एकदम डॉ. कोठारी लग रही है।"

नाटक आरम्भ होता है। समवेत नृत्य में सखियों से घिरी, किशनगढ़-शैली में राधिका का चित्र-सी लगती स्वयं राजा राधिकावेश में प्रवेश करती हैं। पैरों में असली सोने के वे भारी घुँघरू छनक उठते हैं, जिन्हें उसी दिन रनिवास के अँधेरे तहखाने से निकालकर चमकाया गया था, जिन्हें शायद बुन्देला वीर छत्रसाल की महारानी के चरणस्पर्श का भी सौभाग्य प्राप्त रहा हो या जो शायद मधुकर शाह की सुन्दरी पटरानी के चरण भी चूम चुके हों।

विंग से आती गुलाबी रोशनी में, राजा का सुन्दर चेहरा और भी सुन्दर लगता है। नौसिखिए चरणों की भंगिमा कभी ताल-लय से विलग हो जाती है, पर पूरी गोष्ठी, बीन से सम्मोहित नाग सी झूम उठती है। फिर आरम्भ होता है नाटक। नृत्य से उत्तेजित दर्शकमंडली की तालियों की गड़गड़ाहट बन्द होने

का नाम ही नहीं लेती तो 'फूआजू' कमाण्डर की मुद्रा में गरज उठती हैं, "घेले सबन कै पटूका।" और सम्भावित पटूका-प्रहार के राजसी आदेश से दर्शक अपना कलरव पुनः कंठ में खींच लेते हैं।

एक दृश्य में मुख्य पात्र रोशन को मृत बालक को गोद में लिए स्टेज पर बिलखना है। आज तक प्रत्येक रिहर्सल में उसका अनूठा क्रन्दन पूरे अन्तःपुर को कई बार रुला चुका है, पर आज उसकी तार से टिकाई गई नकली मूँछों की सुरसुरी से एक अप्रत्याशित छींक, सारा मजा किरकरा कर देती है। छींक की मशीनगन से उसकी मूँछें चंचल तितली-सी उड़ती दर्शकों की गोद में जा गिरती हैं और वह बेहया, मृत बबुए को हिलाते स्वयं भी ही-ही कर हँसने लगती है; पर सँझली, मँझली और छोटी रानी पूर्वनिर्धारित योजना के अनुसार बराबर सिसकियों का पार्श्वसंगीत प्रस्तुत कर रही हैं।

नाटक का पर्दा गिरता है।

एक बार फिर राजकन्या को भीड़ घेर लेती है। कानों की बहरी कानबाई को फिर मिर्च-आटे-चून की नजर उतारने का आदेश मिलता है, पर उसके बहरे कान आदेश ग्रहण नहीं कर पाते। 'मासीबा, दुल्हैया जूको मोरलो के पाँख, कबूतर के पंखना' आदि टोना गाकर उतारने का नया आदेश देती हैं। एक बार फिर दाढ़ीजार अजोबाई की अभागी मूँछों पर व्यंग्य की गोलियाँ दागी जाती हैं, "क्यों री अजोबाई, अगली बार नाटक में मुछन्दर पिता का पार्ट तुझे सौंपा जाएगा, न मूँछें ही बनानी पड़ेंगी न छींक से उनके उड़ने का ही डर रहेगा।"

अजोबाई भला कब चूकनेवाली है! उसने भी रियासत का नमक खाया है, इसी से सरस्वती निरन्तर जिह्वा पर विराजमान रहती है, "घणी खम्मा मारा घणी अन्नदाता।" वह ठेठ काठियावाड़ी मनमोहक मुद्रा से दोनों हाथों से राजा की नजर का 'दुखड़ा' उतार अपनी कनपटी पर हड्डियाँ चरमराती है, "आज तो धन्य भाग, जो इन आँखों ने अन्नदाता के चन्द्रमुख पर बनी मूँछें देख लीं—अपनी मूँछों का सब दुःख भूल गई हूँ।"

और अठारह वर्ष की सुन्दरी अन्नदाता अपनी धुँधली पड़ गई नकली मूँछों की क्षीण रेखा के नीचे खिंच गए लजीली मुस्कान के इन्द्रधनुष से उस अनूठे अन्तःपुर की अनोखी गोष्ठी को धन्य कर देती हैं।

रियासतों के साथ-साथ न जाने कितने ऐसे रँगीले अन्तःपुरों का अस्तित्व विलीन हो गया है। रह गया है क्षुधित पाषाण के-से घुँघरुओं की केवल माया-मरीचिका!

कीर्ति-स्तम्भ

आज से तीस वर्ष पूर्व, नैनीताल में नन्दादेवी का डोला बड़ी धूम से उठा करता था। मल्लीताल के छोटे-से बाजार में न उन दिनों आज की-सी चमक-दमक थी, न नियोन बत्तियों की जगमगाहट। फिर भी नन्दाष्टमी के दिन, केले के खाम लिए गाते-नाचते ग्रामीणों के बीच, बुरुंश और गेंदे के गजरों से लदे महिष, दूल्हों की तरह झूमते निकल जाते तो पहाड़ी ढालू छतों पर रंगीन पिछौड़ों की शत-शत यवनिकाएँ एकसाथ ऊपर उठ जाती हैं। डोला देखने को बैठी चन्द्रमुखियों के उल्लसित चेहरे पिटे सोने-से दमक उठते। ग्रामीण बाँकों की टोलियाँ वहीं घेरा बना, झोड़े की मधुर मुरकियों के बीच अपने जिस आशुकवित्व का परिचय दिया करते थे, उसके लिए अब कभी-कभी कलेजे में हूक-सी उठती है। लगता है, आजादी के बाद हमने यदि कुछ अंश में कुछ पाया भी है, तो खोया है उससे अधिक। हमारी संस्कृति धीरे-धीरे हमारी मुट्ठियों से निकलती जा रही है और परायी संस्कृति के प्रति हमारी निष्ठा, हमारा मोह, हमारा ध्येय भावना को शिथिल करता जा रहा है। अतीत में हमारी सर्वोच्च निष्ठा धर्म के प्रति थी, इसी से हमारे पारम्परिक धर्मानुष्ठानों में हमारी संस्कृति भी अपने स्वाभाविक रूप में जीवन्त थी। यह सत्य है कि बुद्धि एक प्रबल शक्ति है, किन्तु यह शक्ति भी अपने समाज के परम्परागत रीति-रिवाजों का सम्पूर्ण रूप से खण्डन कर उन्हें नेस्तनाबूद नहीं कर सकती। हमारी संस्कृति बनी रहे, अतीत के प्रति हमारी निष्ठा शिथिल न हो, इसके लिए आवश्यक है सदियों से प्रचलित यह प्रथा-संस्थाएँ बनी रहें। किन्तु, धीरे-धीरे इन उत्सवों में भी अब न उत्साह रहा है न वह आकर्षण! हाथ में ट्रांजिस्टर लिए ग्रामीणों की टोली अब न वह मीठे झोड़े गाती है, न चाँचरी! स्त्रियाँ अब सभ्य शिष्ट पर्दों की ओट से डोला देखती हैं, छतों पर उनके रूप की फुलझड़ी नायकों की

टोली को नहीं गुदगुदा पाती। महिषों की भीड़ अब चमकीले तेल-लगे सींग घुमाती झूलती-झालती नहीं निकलती, कुमायूँ का ग्रामीण अब पूर्ण रूप से सभ्य हो चुका है, देवी यदि भैंसे की बलि न देने से अप्रसन्न होती हैं तो हुआ करें। वह मेले में घूम-घाम, अब पहले भी भाँति तेल की जलेबियाँ नहीं खाता, वह अब खाता है छोले-भटूरे। झोड़े, चाँचरी, हुड़का में भला अब क्या रखा है! ट्रांजिस्टर खोलते ही तो लता कभी भी कानों में रसवृष्टि कर सकती है, फिर भला वह दुनाली पहाड़ी मुरली फूँकने में साँस क्यों फुलाए!

शायद मैं ही मूर्ख हूँ! मुझे आज भी उन विस्मृत लठ ग्रामीणों की गायकी भुलाए नहीं भूलती। कुछ दिन पूर्व आकाशवाणी में लोकसंगीत का ऑडिशन लेने गई तो पहली बार ऐसा लगा कि कुमायूँ की संस्कृति एकदम ही पकड़ से नीचे खिसक गई है। कितने टेप सुने, कितने गायक-गायिकाओं के लोकगीत, किन्तु लोकगीतों को आधुनिक बनाने का यह उनका कैसा बचपना था! कहाँ गईं दुर्गा और तिलक कामोद की वे सुरम्य पहाड़ी धुनें और पहाड़ी कंठ की वह टप्पे की-सी दक्ष कारीगरी!

मेले के दिन तो उन ग्रामीण गायकों की कल्पना, जैसे स्वयं वाग्देवी आकर सँवार जाती थी :

दो मणिया तौली
छाजा बटी झन चयै
उन छूटी रौली!

(अरी सुन्दरी, ऐसे छत से नीचे मत देख, कहीं गिर पड़ेगी!) या :

शकुनी कमीज वे
कल्ज गाड़ी त्वीकै दीनूँ
ल्यो तराने ल्ही जैं!

(अपनी इस प्रिय कमीज के बीच से कलेजा चीर तुझे दे रहा हूँ। ले, मेरे इस लहू टपकाते कलेजे को ले जा!)

कभी-कभी वह कवित्वपूर्ण आत्मनिवेदन, अश्लीलता की परिधि को छलाँग लगाकर लाँघ जाता, इसी से हमें छत पर बैठ, डोला देखने की अनुमति नहीं मिलती। कब हमारा ही नाम डालकर झोड़ा बना डालें, कुछ ठीक है इनका! ताऊ के मकान की लाल, पीली, नीली काँच की बहुरंगी बन्द खिड़कियों से ही चेहरा सटाकर हम बैठ जातीं। उसी लाल काँच की रक्तिम लेंस से मैंने उसे पहले-पहल देखा था। वह डोले के आगे-आगे नाचती चली जा रही थी।

उन दिनों, उस किशोरी नृत्यांगना के असामान्य रूप-लावण्य की नैनीताल में विशेष रूप से चर्चा थी। नैनादेवी की मधुर प्रशस्ति के बीच भी उसके उपासकों की टोली, तिलका के रूप-यौवन की मीठी प्रशंसा करने में नहीं चूकती!

नैनीताला नन्दादेवी
सोरै की भगवती—
तिलका तेरी लम्बी लटी
पुन्यू कसी चन्दा
तौ धुँघटी झन टिपियै
सूर्ज होलो मन्दा।

(अरी तिलका, धन्य तेरी लम्बी वेणी, और पूर्णिमा के चन्द्र-सा तेरा मुखड़ा। अरी कहीं भूले से घूँघट मत उठा लेना। सूर्य का प्रकाश मन्द पड़ जाएगा।) तिलका वास्तव में ही पंचदशी की पूर्ण विकसित धौत चन्द्रिका थी। अपनी नाजुक बच्ची की-सी बाँहों को किसी संगमरमर की मस्जिदी मीनारों की भाँति सिर के ऊपर उठा, वह अँगुलियों से अँगुलियाँ बाँध लेती, फिर पेशेवर अन्दाज से उन्हें अपने नुकीले तेवर से सँवारती फिर तितली-सी गोल- गोल घूम जाती। तीन-चार चक्कर घूम, वह सहसा वहीं बैठकर हाँफने लगती। मुझे उसका पीला बीमार-सा चेहरा देखकर न जाने क्यों ऐसा लगने लगता कि वह अब उठकर नाची तो शर्तिया बेहोश होकर गिर पड़ेगी। किन्तु सहसा अशिष्ट भीड़ में, अधैर्य की अश्लील सीटियाँ बजने लगतीं—

नाचो-नाचो तिलका, तुम्हारा नाच देखने ही तो हम अल्मोड़ा की नन्दादेवी छोड़, इतनी दूर आए हैं—पर वह बैठी ही रहती। इस बार, छाती से सारंगी बाँधे, उसके साथ-साथ चल रहा उसका साजिन्दा अपनी सारंगी की छड़ को उसकी झुकी पीठ में कोंचता। इतने वर्षों में भी उस क्रूर व्यक्ति की ऐंठी मूँछें, सुरमा-भरी रहम से खाली आँखें और सिलवट पड़ी सस्ते गुलाबी अतलस की कमीज की एक-एक सिलवट मुझे याद है, जैसे शैतान बच्चों द्वारा खिलवाड़ में पकड़कर सहसा छोड़ दी गई तितली, क्षण-भर किसी फूल पर विश्राम कर, उन शैतान कदमों की आहट पा, क्षत-विक्षत पंख फड़फड़ाती फिर उड़ने लगती है, तिलका घबड़ाकर उठती और यन्त्रचालित कठपुतली-सी गोल-गोल घूमने लगती। धीरे-धीरे वह नाचती-गाती टोली हमारे द्वार से आगे निकल जाती। तिलका के पद-निक्षेप की लय के साथ-साथ, ऊँची और नीची होती गायकों की स्वरलहरी विलुप्त हो जाती और अपनी ही समवयसिनी उस अपरिचित

किशोरी के प्रति मेरा हृदय करुणा से द्रवीभूत हो उठता।

"न त्वस्या जन्मजाने जननयन मधुस्यन्दिनी कान्ति लक्ष्मी।"

दर्शकों के नयनों में मधु की-सी वृष्टि करती हुई यह कान्तिमयी किशोरी कौन है? कवयित्री वज्जिका ने भी क्या ऐसी ही किसी कान्तिमयी को देखकर ये अमर पंक्तियाँ लिखी होंगी?

बहुत दिनों बाद, वह मुझे एक दिन अचानक फिर मिल गई। उस दिन उसकी सज्जा दूसरी ही थी। लहँगे में जिस नृत्यरता क्लान्त किशोरी को मैंने तारुण्य की देहरी के पास खड़ी देखा था, वह आज पहाड़ी सुत्तन में एकदम ही बच्ची लगती कैशोर्य के सोपान पर उतर आई थी। मखमली कामदार लहँगे के चौड़े गोटे ने ही शायद उसका कद, उस दिन छलनामय रूप से लम्बा बना दिया था। गढ़वाली लटी की असंख्य परतों में कसी उसकी केशसज्जा में, उस दिन का लम्बोतरा चेहरा आज गोलगाल लग रहा था, और भी सुन्दर और भी लुभावना। माथे पर बड़ी-सी चमकती टिकुली के ऊपर खिंचा था रोली का तुंग 'सिंणुकी पिठ्या' (तिलक)—दोनों पैर मन्दिर की सीढ़ी पर लम्बे कर, वह हाथ की टोकरी से आटे की गोलियाँ निकाल, ताल के पानी में डाल रही थी और शान्त जलराशि में असंख्य बुदबुदे उठाती, अदृश्य टॉरपीडो-सा खनकाती बड़ी-छोटी मछलियाँ उछल-उछलकर आटे की गोलियाँ गपक रही थीं। मैं खड़ी हो गई, पहले शायद उसने मुझे नहीं देखा, फिर मेरी उपस्थिति का आभास पाते ही वह चौंकी और मुस्कराई। ठीक ही गाया था गायकों ने—सचमुच ही 'पुन्यू की चन्दा' थी तिलका।

"तुम तिलका हो ना?" मैंने पूछा।

"हाँ, पर तुम्हें कैसे पता? ओह, मुझे डोले के आगे नाचते देखा होगा, क्यों?'' वह अन्यमनस्क-सी आटे की गोलियाँ डालती चली जा रही थी, "मुए, भगवती के नाम के साथ मेरा अभागा नाम जोड़कर झोड़े गाते हैं, मेरा क्या, उन्हीं को कीड़े पड़ेंगे।" उसके स्वर की खिन्नता पानी की छपाक-छपाक के बीच और भी स्पष्ट होकर गूँज गई। "रामनाम लिखी आटे की सौ गोलियाँ बनाकर रोज भेजती हैं 'बूबू' (बुआ), वही खिलाने यहाँ आती हूँ। आज 'लाख' पूरा हो गया।"

''तुम कहाँ रहती हो?" मैंने पूछा।

"क्यों? जहाँ हम सब रहती हैं। हमारी बस्ती नहीं जानतीं क्या? नैनीताल में तो सब जानते हैं।" वह फिर हँसी, इस बार उसकी उस सिनिकल हँसी में

किसी कुंठाग्रस्त प्रौढ़ा की हँसी की-सी खनक थी। ठीक ही तो कह रही थी वह, उस बस्ती को नैनीताल में तब कौन नहीं जानता था! गोलघर से लगी, किसी बीमार घुनी दन्तपंक्ति-सी हिलती काठ के अभिशप्त कबाड़ों की उस धूम्रमलिन कतार को भला कौन नहीं पहचानता था! विशेषकर हम पर उन सीढ़ियों की संक्षिप्त पगडंडी पकड़, नीचे की सड़क पर उतरने पर भी घोर प्रतिबन्ध लगा रहता था। "खबरदार, जो उन रंडियों की सीढ़ियों से उतरीं," ताई कहतीं। किन्तु उन सीढ़ियों से उतरने पर सड़क की एक निरर्थक परिक्रमा से हम बच जाती थीं, इसी से जब-तब बुजुर्गों की आँखें बचा, कूदती, फाँदती, वह उतार उतर ही जातीं। "तुम्हारे माता-पिता भी वहीं रहते हैं?" मैंने अपना दूसरा मूर्ख प्रश्न पूछा।

"अजी क्या हूँण देश (तिब्बत) से आई हो तुम?" अब वह अपनी मधुर हँसी के मीठे मंजीरे खनकाती उठी तो—सुभग नासिका पर असंख्य लुभावनी झुर्रियाँ बिखर गईं।

"हमारे पिता-विता नहीं होते जी, माँ ही होती हैं, समझीं? पर हमारी तो वह भी नहीं है। जन्मते ही हम उसे चाट गईं—बूबू पालती हैं—उन्हीं के पास रहती हूँ।" फिर मेरा परिचय पूछती, वह मेरे साथ-साथ चलने लगी। उन दिनों अल्मोड़े में, गाँधी की आँधी में शहर का पत्ता-पत्ता काँप रहा था। तिलका के पेशे की ही एक प्रौढ़ा, व्यवसाय खासा होने पर भी स्वेच्छा से ही पेशवाज घुँघरू बहा, शहर में खद्दर की फेरी लगाने लगी थी। देखते ही देखते उसकी गठरी बिक जाती और जितना कभी उसे उसकी एक-एक ठुमरी दिलाती थी, उतना अब वह खद्दर के आधे दर्जन रूमालों की बिक्री से ही कमा लेती। मैंने भी उस लोकप्रिया फेरीवाली से एक चौड़े लाल पाड़ की खद्दर की साड़ी खरीदी थी। उस दिन मैं वही पहने थी। इत्र में बसे फँसे, मखमल दिलपसन्द के लहँगे और फुलवर के पिछौड़ों की परिधानाभ्यस्त तिलका, मेरी उस खद्दर की साड़ी पर रीझ गई, "हाय, कितनी अच्छी लग रही है? मेरा भी बड़ा जी करता है, कभी खद्दर की साड़ी पहनूँ—कितने में आती है जी?"

"तुम्हें अच्छी लगी?" मैंने हँसकर कहा, "तुम ले लो, मैं अपने लिए फिर ले लूँगी। मैंने तो यह अल्मोड़ा से ली थी। कल इसी वक्त यहीं पर मिलना, मैं ले आऊँगी।"

"सच?" क्षण-भर को तारे-सी चमकती उसकी आँखों की चमक सहसा दप से बुझ गई।

"पर रुपये मैं कैसे दे पाऊँगी? मेरे तो सब रुपये गोलख में बन्द हैं और गोलख बूबू के बक्से में बन्द रहता है।"

"तुम क्या सोच रही हो, मैं तुमसे साड़ी के रुपये लूँगी? तुम कल इसी वक्त, यहीं पर मिलना, साड़ी तुम्हें मिल जाएगी, बस?" दूसरे दिन, मैं साड़ी का पैकेट लिए पहुँची तो मन्दिर के विराट् घंटे के नीचे खड़ी, नतमुखी तिलका मेरी प्रतीक्षा कर रही थी। मुझे देखते ही उसने लपककर, किसी बच्ची के-से अधैर्य से पैकेट छीन लिया।

"अजी सुनो, कुछ तो लेना ही होगा तुम्हें, मैं यह रूमाल लाई हूँ तुम्हारे लिए, असली रेशम का है—सिंह ठेकेदार ने दिया था मुझे"—उसने मुझे वही मुड़ा-तुड़ा सस्ते इत्र में बसा असली रेशमी रूमाल थमा दिया; जिसे हिला-हिला वह डोले के आगे नाचती तो कुमायूँ के शत-शत बाँकों के हृदय भी एकसाथ झूम-झूमकर नाचने लगते।

"सुनो, कल यही साड़ी पहनकर आना तिलका!" मैंने कहा, "मैं तुम्हारी इसी घंटे के नीचे एक तस्वीर खींचूँगी।"

उसकी मुग्ध विस्फारित दृष्टि की दूधिया भोली चावनी, नारी होने पर भी मेरा हृदय आलोड़ित कर गई।

"हाय राम, तुम फोटू खींचना भी जानती हो जी? हाँ-हाँ, जरूर आऊँगी और तुम्हें वह गाना भी सुनाऊँगी :

प्रीतम चतुर सुजान
गांधीजी का चरखा ला दे
शहर बरेली जा दे
बरेली का सुरमा ला दे
चरखे में बसे हैं परान
गांधीजी का चरखा ला दे।"

मैं तो समय से ही पहुँची थी, पर तिलका नहीं आई। बड़ी देर तक मैं बैठी रही, फिर निराश होकर लौट आई। सात-आठ दिन बाद, मैं एक दिन वही वर्जित सीढ़ियाँ उतर रही थी कि क्षीण करतल ध्वनि के बीच, अपना नाम सुनकर चौंकी।

पानी का अधभरा गगरा नल की क्षीण धारा के नीचे साधे, तिलका खड़ी थी। पीली फुलवर की काली मखमली बेल-लगी साड़ी में उसका चेहरा और भी पीला लग रहा था। शुभ्र ललाट पर बँधी पट्टी देखकर मैं चौंकी।

"यह चोट कैसे लगी?" मैंने पूछा।

"श्शँ—धीरे-धीरे, ऊपर वह हरामजादा खड़ा है, बुआ का 'कुर्रम'।"

मैंने कनखियों से देखा, उसे अपनी सारंगी की छड़ से कोंचनेवाला वही क्रूर रिंग मास्टर हमारे सौभाग्य से, हमारी ओर पीठ किए अपनी मूँछें ऐंठ रहा था।

"क्या हुआ यह?" मैंने पूछा, "चोट लगी क्या?"

"चोट नहीं लगी, बूबू ने इसी बदजात से पिटवाया था।" दम तोड़ती चिड़िया की काँपती चोंच की भाँति उसके अधरपुट अधखुले होकर काँपने लगे।

"मैंने वही साड़ी पहन ली, बूबू सनक गई, बोली—'अंग्रेज़ लाट कमिश्नरों के यहाँ हमारा उठना-बैठना है और तू यह घरफुक्का खद्दर पहन आई है! बोल हरामजादी, कौन है तुझे खद्दर पहनानेवाला तेरा नया यार?' मैंने तुम्हारा नाम नहीं बताया तो इसी मुछन्दर ने छड़ी उठाकर मार दी। बड़ा-सा घाव हो गया है, तीन टाँके लगे हैं। साड़ी भी उठाकर चूल्हे में जला दी।" आँसू की बूँदें, उसके लाख रोकने पर भी सुचिक्कन कपोलों पर ढुलक गईं।

"तुम जाओ जी, कहीं देख लिया हरामी ने तो फिर मारेगा।"

उसी दबी सिसकी की स्मृति सँजोए, मैं उन बदनाम सीढ़ियों पर स्केट-सी करती उतर गई। मेरा स्मृतिचिह्न तो उसकी बुआ के कुर्रम ने जला दिया, किन्तु उसका स्मृतिचिह्न, उसके ठेकेदार-प्रणयी का दिया प्रेमोपहार, वर्षों तक मेरे पास धरा रहा, फिर बैंगलोर की यात्रा में मेरे बक्से के साथ ही वह भी खो गया। अपनी दक्षिणी रेशमी साड़ियों के खोने से भी अधिक दुःख मुझे उस रूमाल के खोने का हुआ था। आज, जब स्वतन्त्रता की रजत-जयन्ती के अवसर पर, देश के कोने-कोने के स्वतन्त्रता सेनानियों को ढूँढ़-ढूँढ़, सूद-ब्याज समेत उनके सिर पर पड़ी लाठियों का मूल्य बड़ी ईमानदारी से चुकाया जा रहा है, मुझे उस निर्भीक किशोरी के पीले चेहरे की स्मृति रह-रहकर व्याकुल कर उठती है। न कोई प्रशस्ति-पत्र मिला, न ताम्रपत्र! किन्तु फिर भी सोचती हूँ, उसके अभिशप्त ललाट पर अंकित, उसकी बुआ के साजिन्दे की छड़ी का वह अमिट चिह्न ही तो उसका कीर्ति-स्तम्भ था! उन हस्ताक्षरों को तो चाहने पर भी न विधाता मेट सका होगा, न कालचक्र।

बिन्नू

जब उसे पहली बार देखा, तो निराशा ही हुई थी। यह क्या सचमुच वही थी? कैसा आश्चर्य था यह! यह साधारण चेहरा, शुष्क काठ-सी इकहरी देह और रुचिहीन पहनावा। पर तभी वह मुझे देखकर अचानक हँसी और शुष्क काठ-सा पेड़ सहसा फलों से भर उठा। वह विचित्र हँसी उसकी रसीली आँखों से बरसती कपोल; चिबुक पर गुदे गोदने को भिगोती मुझे भी भिगो गई।

"चपेटा लाई हूँ, आपने मँगवाए थे ना?" रंगीन लाख के उन चपेटों को मेरी मुट्ठी में थमाकर उसने मुझे फिर चपेटे खेलने का स्निग्ध, स्मितपूर्ण आमन्त्रण दिया। यही मेरा उससे प्रथम परिचय था। चपेटों के उन पाँच मुहरों से ही हमारी मैत्री का प्रारम्भ हुआ था। प्रत्येक किशोरी की भाँति उन दिनों मेरी दो ही मुख्य दुर्बलताएँ थीं—चपेटे और कच्ची अम्बिया। और दोनों की उत्सभूमि बनी थी मेरी वह नई सहेली बिन्नू। जेठ की आग उगलती बुन्देलखंडी दुपहरिया में वह पैरों के भारी-भारी पैजने झमझमाती, हाथ के अंकना-कंकना खनखनाती, पिछवाड़े का द्वार खोल चुपचाप मेरे कमरे में धूप के टुकड़े-सी सरक आती, "ऐ छोटी जिज्जी, चपेटे खेलोगी? ये देखो, क्या लाई हूँ।"

अपनी उजली हँसी के साथ वह फिर अपना आँचल खोलकर कच्ची अम्बिया का वैभव दिखा, फुसफुसाकर कहती, "चलो, एक बाजी खेल लें, जल्दी। माँ भी अभी सो रही हैं।"

मेरी माँ से वह बेहद डरती थी। यही नहीं, मुझे भी उसकी मैत्री का गहरा मूल्य चुकाना पड़ा था। "कितनी बार समझा चुकी हूँ तुझे," माँ ने एक दिन कहा था, "इसे मुँह मत लगा। ये नागिन; असली नागिन की बच्ची है, काटे तो लहर नहीं, न जाने कितने घर बरबाद कर चुकी है—एक तो दोनों धींगड़ियों-सी चपेटे खेल-खेलकर धरती पीटती हो, कहा नहीं कि धरती पीटने से कर्ज़

होता है? गुट्टे खेल-खेलकर अँगुलियाँ भी भोथरी कर लेगी अभागी तो कोई अँगूठा भी नहीं थामेगा।"

पर जहाँ बिन्नू आती, मैं माँ के कठोर निर्देश भूल-भालकर पाँचों गुट्टे थाम लेती। बिन्नू हमेशा कलफ की गई करकराती अबरखी चादर ओढ़कर आती। उसकी उस चमचमाती चादर की मौलिक सुबास से आज भी मेरी स्मृति के नथुने फड़क उठते हैं। कस्तूरी, हिना, केवड़ा, खस का पवित्र सम्मिश्रण मेरे पूरे कमरे को मह-मह महका देता। बिन्नू चली जाती, तब भी वह मीठी सुगन्ध अगरबत्ती की अवसन्न धूम्ररेखा की भाँति मेरे कमरे में बड़ी देर तक मँडराती रहती। जब कभी माँ मेरे कमरे में आती तो उसी सुगन्ध के सूत्र से जान लेती कि वहाँ कौन आया था।

"आज वह धींगड़ी फिर आई थी क्या? ठीक है, कल से दोपहर में भी तू मेरे कमरे में सोएगी।" उसी दिन से माँ का कठोर अनुशासन और कठोर हो गया। दो-तीन महीने तक मुझे अपनी प्रिय सखी का चेहरा भी देखने को नहीं मिला। कच्ची अम्बिया-लोलुप मेरी अबोध जिह्वा ही नहीं तरसी, चपेटे खेलने वाली अद्भुत संगिनी का विरह भी मुझे दुर्बल करने लगा। उधर गरमी की छुट्टियाँ खत्म होने को थीं, तब भी कूँडादेव के मेले में उसकी सुगन्धित चादर की सुगन्ध के सूत्र से मैंने उसे ढूँढ़ लिया। एक हाथ में धानी हरी चूड़ियाँ भर, वह दूसरे हाथ में चूड़ियाँ समेटती पारा ही बैठे गोदनिया से मोलभाव कर रही थी, "एक हाथ में राधाकृष्ण गोदवाएँगी हम और ठुड्डी में तिकोनी तीन बुँदकियाँ। दो रुपये से एक धेला भी ज्यादा नहीं मिलेगा।"

"अजी, इस ठुड्डी को हाथ में लेने का ही तुम्हें दो रुपये दे देंगे, सरकार!" गोदनेवाले की कुटिल हँसी और बिन्नू की उससे भी कुटिल हँसी का प्रत्युत्तर देख मैं स्तब्ध रह गई। तब क्या माँ ठीक ही कह रही थी? आकाश में चपेटे उड़ा, उन्हें किसी भी कोण से जादुई शक्ति से मुट्ठी में बाँधनेवाली, मधुर कंठ से एक से एक लम्बे फाग के मोहजाल में श्रोता को मोहनेवाली, आश्चर्यजनक तेजी से शाखामृगी-सी ऊँचे-ऊँचे पेड़ों पर फुदक कच्ची अम्बिया तोड़नेवाली मेरी वनमृगी-सी चंचल सखी क्या सचमुच ऐसी थी? यदि नहीं थी तो गोदने वाले के कुटिल आह्वान को दो चप्पल मार उसने वहीं पर व्यर्थ क्यों नहीं कर दिया? मुझे शायद उसने देखा नहीं था, इसी से रेशमी रूमाल की गाँठ खोल, चूड़ीवाले के पैसे चुका, वह फिर गोदनेवाले के पास खिलवाड़ की-सी मुद्रा में घुटने टेककर बैठ गई। गुनगुनाकर गोदनेवाले ने उसके सुडौल चिबुक को अपने

साँवले हाथों में थाम लिया।

मैं चुपचाप पीछे खिसक गई। मेले में फिर मेरा मन नहीं लगा था। अन्यमनस्का-सी जमदाड़ नदी के घाट के पत्थर पर चुपचाप जाकर बैठ गई। दोनों पैर शीतल जल में डुबाए ही थे कि आँधी के तीव्र झोंके-सी वह न जाने कहाँ से आकर मुझसे लिपट गई, "लो, हम इन्हें ढूँढ़ते-ढूँढ़ते मर गईं, सारा मेला छान डाला और यह यहाँ बैठी हैं!" चादर की वह मदमस्त सुगन्ध उस दिन और भी तीव्र लग रही थी। "देखो छोटी जिज्जी, हम नया गोदना गुदवाए हैं, कैसे लग रहे हैं, देखो तनी!"

गोल-गोल गोरे चिबुक पर सद्यःगुदे गोदने की स्याही हल्की-सी फूलकर उभर आई। आँखों में खिंचे सुरमे की प्रगाढ़ रेखा, ललाट पर लगी टिकुली, विलासी पृथुल अधरों पर पान की लालिमा उस लास्यमयी के सौन्दर्य को अद्भुत आभा प्रदान कर रहे थे।

"काहे रूठी हो जिज्जी?" उसने अब अपना चिबुक, मुझे बाँहों में बाँध, मेरे कन्धे पर धर दिया।

"हम क्या करें, माँ जी ने हमें कोठी पर आने को मना कर दिया है। ठीक ही है छोटी जिज्जी, हमें आने ही कौन देता है! जहाँ जाते हैं, वहीं से दुत्कार दिए जाते हैं।" उसकी रसीली आँखें छलछला उठीं।

"बिन्नू," मैंने उसका चूड़ी-भरा हाथ थाम लिया, "तेरे लिए जो यहाँ सब कहते हैं, वह सच है क्या?" मैं जानती थी मेरी वह मुँहफट सरल सखी कभी मुझसे झूठ नहीं बोलेगी।

"क्या कहते हैं छोटी जिज्जी?" उसने बड़े भोलेपन से अपना हाथ पलटकर मेरी गोद में धर दिया। राधाकृष्ण की युगल मूर्ति गोरी बाँह के गोदने में किस स्पष्टता से निखर आई थी! बंकिम मुद्रा में वंशी बजाते नटवर नागर, पार्श्व में खड़ी बृजभानुसुता, उसी युगल जोड़ी के नीचे गुदी पंक्ति के अक्षरों पर बिन्नू ने फिर अपनी आँखें झुका ली थीं—"जै राधेश्याम।" पता नहीं, इस गोदने का भी अभागिनी ने कैसा मूल्य चुकाया था!

"क्या कहते हैं तुझे, पता नहीं है क्या? देख मेरी ओर!" मैंने उसका झुका हुआ चेहरा उठाने की चेष्टा की तो वह मेरी गोदी में ही सिर छिपा, फूट-फूटकर रो पड़ी। कब तक उस अश्रुसिक्त चेहरे को गोद में ही धरे मैं निःशब्द वहाँ बैठी रही, पता नहीं। जब हम दोनों उठीं तो सन्ध्या घनायमान हो उठी थी। किसी भी निरर्थक प्रश्नोत्तरी के लिए अब हमारी मैत्री में कोई गुंजाइश नहीं

रह गई थी।

बिन्नू के अभिशप्त जीवन का बड़ा ही विचित्र इतिहास था। आठ वर्ष की थी तो फेरे पड़ गए, दस वर्ष में गौना हुआ, ससुराल आई तो परिस्थितियों ने असमय ही कैशोर्य की सीढ़ियाँ फँदा यौवन की देहरी पर खड़ा कर दिया। नये परिवेश की घुटन ने बालिका वधू को सहमा दिया, वयस्क पति के उग्र प्रणय-निवेदन के ताप से कोमल कलिका मुरझाने लगी। इसी बीच सास एक दिन उस पर हाथ उठा बैठी। रात को सुप्त पति के अलस आलिंगन से अपने को मुक्त कर, विद्रोहिणी बिन्नू मायके भाग आई और फिर ससुराल गई ही नहीं। स्वास्थ्य और रूप, साथ ही साथ उग्र बन चुके थे; पति का पढ़ाया प्रेम का अधूरा पाठ भोले चेहरे पर कुटिलता का अंगराग बिखेर गया था।

आँखों की रसीली चितवन में, अधरों की तिर्यक् भंगिमा में एक अनोखा आकर्षण आ गया था। उधर उसके मादक कंठ की प्रशस्ति पूरे शहर में फैल चुकी थी। जन्मोत्सव, विवाह, मूड़न, होली, मेले, देवी के असंख्य गीतों का भंडार था उसका मधुर कंठ। उसकी पुष्ट हथेली की थाप ढोलक पर पड़ती और लोग उसे बिना देखे ही समझ जाते कि ढोलक किसके घुटनों से दबी धमक रही है। प्रायः ही सुनने को मिलता कि बिन्नू फलाँ ठाकुर की रक्षिता बनी इठला रही है, फलाँ ठकुराइन ने उसके दुःख से विष खा लिया। एक पारसी ठेकेदार उसे बम्बई घुमाने ले गया था और बीसियों साड़ियों से बक्सा पाट, ऊँची एड़ी की जूतियाँ खटखटाती घूम रही है बेहया! किन्तु विवाह-उत्सवों में बिन्नू को अब भी सम्भ्रान्त गृह बड़े लाड़-दुलार से न्यौतते थे। वह नाचने उठती तो मजाल थी कि कोई दूसरी उसके बाद नाच सके। बुन्देलखंडी पेशेवर-बेड़नियों से ही उसने वह विकट धुमेर नृत्य सीखा था। लगता, फर्श से लगी झुक-झुककर फरशी लगा रही है, फिर चरखी-सी घूमती वह आतिशबाजी की चमकती चरखी-सी ही अदृश्य हो जाती।

ईसूरी की जिन निर्लज्ज फागों को गाने में बुन्देलखंडी पुरुष भी झिझकते थे, उन्हें वह गाने लगती, तो बड़ी-बूढ़ियाँ कानों पर अँगुली धर कह उठतीं, "अरी, बस कर बदजात, बस कर।" पर नरभक्षिणी बिन्नू जैसे जिम कौरबेट की वह खूँखार शेरनी बन गई थी, जिसके नथुने मानुषगंध को सूँघते ही शिकार को दबोच लेते थे।

उसके उसी उग्र रूप को मैंने जब देखा, तब नदी-तट पर हुई हमारी अन्तिम भेंट को तीन वर्ष बीत रहे थे। मेरे ही विवाह-गीत गाने माँ ने उसे

बताशे भेजकर न्यौता था। अब तक वह कई गवनारियों के दलों का नेतृत्व कर, अपना एक स्वतन्त्र दल बना चुकी थी। मुझे देखते ही वह नित्य की भाँति मुझसे लिपट गई, "तो छोटी जिज्जी, तुम भी चल दीं सासरे?"

"और तू...तू क्या कभी नहीं जाएगी सासरे?" मैंने पूछा तो वह हँस दी, "टिरेनिंग तो ले आए छोटी जिज्जी, अब क्या करेंगे जाकर? जब तक वह डोकरी सास है, तब तक नहीं जाने की। कसम खा आए थे हम कि जाएँ तो भतार का मूँड खाएँ।"

कैसी विचित्र कसम थी! "यहाँ रहकर भी तो तू भतार ही का मूँड खा रही है बिन्नू?" मैंने उसके कान में कहा, तो वह अपनी ऐतिहासिक सुवासित चादर मुँह में डाल हँसते-हँसते लोट गई, "का फस्ट किलास बात कही है छोटी जिज्जी!" फिर अपनी आम की फाँक-सी आँख को कुटिलता से दबाकर धीमे स्वर में बोली, "ये पूछो कि अब तक कितने भतारों का मूँड चबा चुकी हूँ—मरद ससुरे हैं हमारे दुश्मन, समझी छोटी जिज्जी? हर मरद को देख, हमारा तन-बदन सुलग जाता है, इसी से जब तक एक-एक से बदला लेकर काँख में न दबा लूँ, कलेजे में ठंडक नहीं पड़ेगी।" दस वर्ष की यह विद्रोहिणी बालिका वधू क्या जन्म-भर संसार के प्रत्येक पुरुष से अपना प्रतिशोध लेती रहेगी? किन्तु, तीन वर्ष पूर्व जब तीस वर्ष पश्चात् मैं अचानक उससे मिली तो वेगवती नदी की क्षीण धारा को पहचान भी नहीं सकी।

वर्षों की संचित स्मृतियाँ मुझे उस दिन उसी कूँडादेव के मेले में खींच ले गई थीं। एक परिचित मन्त्री की झंडा-लगी कार से मुझे उतरती देख, सरल ग्रामीणों की भीड़ मुझे आँखें फाड़-फाड़कर देख रही थी, तब ही मैग्नोलिया के सुवासित झोंके की भाँति उस परिचित सुगन्ध की सिहरन मुझे सहला गई। मैंने विस्फारित सन्धानी दृष्टि से इधर-उधर देखा। भग्न दाँतों की दिव्य मुस्कान बिखेरती वह भीड़ चीरकर मुझसे लिपट गई—वही खस, केवड़ा, हिना, कस्तूरी की तीव्र सुगन्ध, निमग्न आँखों में काजल की क्षीण रेखा और झुर्री पड़े चिबुक पर वही त्रिकोणी गोदने की परिचित छाप, जिसे कभी इसी मेले में गोदनिया ने केवल उस सुडौल चिबुक को थामने का ही मूल्य लेकर, अंकित कर दिया था।

"बिन्नू!" मैंने उसके कान में मुँह सटाकर पूछा, "कितने मूँड चाबे अब तक?"

मेले के तम्बू-कनातों को अपने मधुर अट्टहास से प्रकम्पित करती वह

पलटी और भीड़ से एक वयःभार नमित वृद्ध को खींचकर, उसने मेरे सामने खड़ा कर दिया, "दस साल से अब इन्हीं के साथ हूँ, डोकरिया मर गई तो हमारी कसम भी टूट गई। ऐंजी, अभी छोटी जिज्जी हमरे कान में का पूछत रहीं, तनी पूछौ जिज्जी से।" और पूरे तीस वर्ष पश्चात् उसकी एक रसीली आँख फिर कुटिलता से पल-भर को बन्द हुई और झुर्री पड़े चेहरे के एक-एक पोर से परिहास झर-झरकर उसके साथ-साथ मुझे भी भिगो गया।

उसका वृद्ध सहचर, दोनों हाथ सिर से लगा, मेरे अभिवादन में नम्रता से झुक गया। "छोटी जिज्जी," बिन्नू ने मेरे कान से एक बार फिर अधर सटा लिए, "चारों धाम कर आई हैं हम, एक धरमशाला बनवा दिए हैं, एक शिवाला बनवा रहे हैं। ससुर के सब पाप की कमाई के गहने बेच हमने शिवाले में लगा दिए, एक छल्ला भी नहीं धरा, चार बार गंगा नहा ली। क्यों जिज्जी, अब तो हमें कुछ पाप नहीं लगेगा?"

मैं उसके उस भोले प्रश्न का कुछ भी उत्तर नहीं दे पाई, पर मुझे दृढ़ विश्वास है कि जब मेरी वह विद्रोहिणी सखी उस सर्वशक्तिमान की अदालत में खड़ी होकर अपनी भोली चितवन के साथ अपना यही निष्कपट प्रश्न दुहराएगी तो वह उदार न्यायाधीश उसके सौ खून भी माफ कर देगा।

आमि जे बनलता

बचपन की कौन-सी याद गहरी नहीं होती!

बहुत पीछे छूट गए बचपन की स्मृतियाँ बटोरने लगती हूँ, तो एकसाथ न जाने कितने चेहरे, कितनी घटनाएँ, कितनी नदियाँ, समुद्र, कितने ही शहर और ग्रामों की स्मृति मुझे पीछे खींचने लगती है। कभी जसदर के राजप्रासाद में लीलाबा के साथ बनाए गुड़ियों के घरौंदे, कभी वेरावल के उद्धत जलधि-तरंगों का मत्त नर्तन, कभी राजकोट की उस तंग गली में चीनी के रंगीन पारदर्शी गिलास बेचनेवाले अनोखे हँसमुख फेरीवाले की प्रतीक्षा, और कभी अल्मोड़ा गिरजे की गुरु-गम्भीर इतवारी घंटा-ध्वनि।

अचानक वही टनटन सुनती, मैं अपने कल्पना-लोक में ही उड़ती शिलांग जा पहुँचती हूँ। ब्रह्मपुत्र के विराट् वक्षस्थल पर हिलता-डुलता स्टीमर मुझे हबीगंज ले जा रहा है। अब शायद उस विचित्र बंकिम ग्राम को भारत-विभाजन के पश्चात पाकिस्तान अपनी ओर खींच ले गया है। ऐसी विचित्र बस्ती मैंने फिर अपने जीवन में कभी नहीं देखी। न जाने कब, किस भूकम्पी धक्के ने उसे सदा के लिए टेढ़े खेत, पान से झुरमुटों की बनी टेढ़ी-ठिंगनी झोंपड़ियाँ और टेढ़े खड़े ताड़ के पेड़, वह भी ऐसी मुद्रा में, जैसे एक-दूसरे से गुँथी खजुराहो की मूर्तियाँ हों। प्रकृति ने इस बस्ती को सौन्दर्य-दान अकृपण हस्त से ही किया था, इसमें कोई सन्देह नहीं। किन्तु विधाता जैसे कभी सुन्दर चेहरा गढ़कर स्वयं अपने ही क्रूर आघात से, उसे एक पक्षाघाती झटके से सदा के लिए टेढ़ा, विकृत कर देता है, ऐसे ही प्रकृति ने स्वयं उस सुन्दर बस्ती को श्रीहीन कर दिया था।

उसी हबीगंज में अपनी एक सहपाठिनी के साथ उसके जमींदार प्रासाद में दो दिन बिताकर मैं शिलांग पहुँची। कलकत्ते के विद्यासागर कॉलेज से

हाईस्कूल की परीक्षा देकर, मैं अपनी बड़ी बहन के पास शिलांग गई थी। वहाँ 'धानखेती' में एक बंगला लेकर मेरी बड़ी बहन बी. ए. की परीक्षा दे रही थीं। बड़े आनन्द और उल्लास के बीच ग्रीष्मावकाश की कुछ छुट्टियाँ वहीं बिता, हम दोनों बहनें घर लौट रही थीं। आज तक न जाने कितनी यात्राएँ कर चुकी हूँ, किन्तु उस यात्रा के आनन्द का स्वाद ही भिन्न था। कभी घने वन-अरण्यों के बीच गुजरती धड़धड़ाती रेलगाड़ी ठीक ऐसे बल खाने लगती, जैसे केंचुए को किसी तिनके से कोंच दिया हो। पेट की आँतें भी गोल घूमने लगतीं और बंगाल के नागरदोले में बैठने का आनन्द आ जाता। उधर वन-वनान्तर को रेंगती हरीतिमा स्वयं ही आकर आँखों में धूप का सुशीतल चश्मा लगा देती, और फिर निरन्तर झरझर बरसती जल धारा। लगता, किसी कच्ची छत-सा टपकता आकाश हमारे साथ-साथ चला आ रहा है।

हमारा डिब्बा अधिकांशतः बंगाली-असमिया यात्रियों से ही भरा था, इसी से गाड़ी के चलते ही उन अपरिचित आँखों की उत्सुकता सहज प्रश्नों से हमें कोंचने लगी, "अजी यह कौन-सी बोली बोल रही हो तुम लोग? हाय माँ, पहाड़ी हो? पर बंगला इतनी साफ कैसे बोल लेती हो जी? ओह, बोलपुर में रवि ठाकुर के स्कूल में पढ़ती हो, इसी से। वहाँ तो सुना, साहब-मेम लोग भी एकदम साफ वीरभूमि बंगला बोले लेते हैं।"

कभी उनका व्यर्थ कौतूहल मुझे बेहद झुँझला देता। कितना अच्छा लग रहा था प्रकृति का यह पल-पल बदलता रूप! पर सहयात्रियों को प्रश्न पूछे बिना चैन कहाँ था! वैसे भी, उत्तर मेरी दो बहनें ही दे रही थीं, मैं बड़ी अशिष्टता से बाहर ही सिर निकाले देखती जा रही थी, कि इंजन ने एक लम्बी सीटी बजाकर निकट आ रहे किसी बड़े स्टेशन की पूर्व सूचना दी। वह स्टेशन निश्चय ही बड़ा था; क्योंकि रंगीन, लाल-हरी बत्तियों की जगमगाहट में बार-बार मिलतीं, विलग होतीं पटरियों का जाल विस्तृत होता, सिकुड़ता एक विराट् प्लेटफॉर्म पर सिमट गया। गाड़ी रुकी, तो सन्ध्या प्रगल्भ हो चुकी थी।

कभी-कभी सोचती हूँ, जो आनन्द आज से बीस-पच्चीस वर्ष पूर्व रेलगाड़ी के किसी बड़े स्टेशन पर रुकने में आता था, वह अब क्यों नहीं आता? क्या हम यात्री ही बदल गए हैं, या स्टेशन की बहुरंगी भीड़? मुझे तो आज के इंजन की सीटी में भी वैसी टीस नहीं सुनाई देती। अब उसमें किसी तरुणी बाईजी के ताज़े कंठ-स्वर की मीठी गूँज नहीं रह गई है। डीजल इंजन का

भोंथरा गला तो अब किसी गतयौवना वारवनिता के बैठे गले-सा ही डकार उठता है।

उस दिन इंजन की बड़ी मीठी गूँज के साथ ही गाड़ी रुकी। स्टेशन का आनन्द-मेला मुग्ध नयनों से निहारती मैं स्वयं झकझोरे खाती चली ही थी कि वह आकर सहसा मेरे पास बैठ गई। एकदम कृशोदरी, सुललिता, पतली नाक, बहुत बड़ी आँखें और होंठों की ऐसी विचित्र गढ़न न मैंने कभी देखी थी, न शायद कभी देखूँगी। नीचे का होंठ मोटा, ऊपर का धनुषाकार मुड़ा एकदम पतला, ठीक जैसे किसी छोटे मुँह की शीशी पर भूल से बड़ा ढकना लग गया हो। बराबर यही लगता कि हँसती जा रही है। वह भी ऐसी हँसी कि जितनी ही बार देखो, उतनी ही बार कलेजा हिम!

"चलो भाई, गाड़ी तो पकड़ ही ली, अब तुम सुनाओ, क्या हाल है, कब आईं?" उसने ऐसी आत्मीयता से मेरा हाथ पकड़ लिया कि मैं भय से सहमकर उठने लगी।

"अरी, बैठ भी।" वह फिर हँसी और ज़ोर से हाथ खींचकर मुझे ऐसे बैठा दिया कि मैं उसकी गोद ही में गिर पड़ी। "कैसे नखरे दिखा रही है, जैसे पहचानती ही न हो! की लो सुई, आमि जे बनलता।" (अरी सखी, यह तो मैं हूँ बनलता।)

मैंने भयविह्वल दृष्टि से तीसरी सीट पर बैठी दोनों बहनों को देखा। अपनी ही बचकानी जिद से तो मैं दूर उस खिड़की के लोभ से उधर जा बैठी थी। पर तब मैं क्या जानती थी कि वह खूँख्वार सिंहनी आकर मुझे ऐसे दबोच लेगी! वहीं से बड़ी बहन ने मुझे आँखों से इशारा किया—बैठ जा; देखती नहीं पागल है?

गाड़ी पूरे वेग से भाग रही थी और मेरा हाथ उसी पगली की वज्रमुष्टिका में बन्द था। उसके दुबले-पतले हाथ, क्या लौहदंड से कुछ कम थे? लग रहा था, थोड़ी ही देर में मेरी उँगलियों को मसलकर हलुवा बना देगी।

पास ही बैठे एक वृद्ध सज्जन को शायद मेरा चेहरा देखकर दया आ गई। डपटकर उन्होंने कहा, "क्यों परेशान कर रही है उसे? छोड़ उसका हाथ।... जाओ माँ, अपनी बहनों के पास जाकर बैठो।"

"अच्छा बूढ़े, मौत आई है क्या तेरी..." अपने हाथ की पोटली नीचे पटककर वह जंगली बिल्ली-सी उछली, और छत पर लगी खूँटी पर चमगादड़-सी लटक गई। फिर तो कुछ पलों को मैं ही नहीं, पूरे डिब्बे के यात्री सहमकर

जहाँ के तहाँ चिपके रह गए। लगता था, सचमुच कोई कामरूप की मायाविनी डाकिनी हमारे डिब्बे में घुस पड़ी है। वह एक बार फिर उछली और डिब्बे में इधर-उधर लगी खूँटियों पर झूलती हुई, शाखामृगी की तरह घूमने लगी। किसी प्राचीन मन्दिर की भित्तियों पर अंकित त्रिकोणधारी यक्षिणी की मूर्ति-सी बनलता ने फिर सबको सहमा दिया। खूँटी पकड़ते ही वह गोल-गोल घूमने लगती और घूमने में भी तेजी से चक्कर काट रहे लट्टू की ही सनसनाहट आ जाती।

तभी हम काँपते यात्रियों ने बजरबट्टू-सी घूम रही उस रहस्यमयी की काठ के लट्टू से एक और समानता पकड़ ली। उसकी एक टाँग लकड़ी की थी। सूत के डोरे से बाँधकर, कौशलपूर्ण तीव्रता से छोड़ा गया लकड़ी का रंगीन लट्टू जैसे सर्र करता अपनी पतली नोक पर नाचने लगता है, वैसे ही खूँटी पकड़ गोल-गोल चक्कर खाती वह अपनी लकड़ी की टाँग को तेजी से नचाती, कलेजा दहला देनेवाला अट्टहास करती हुई चीख उठती, "ओई लो, आमि जे बनलता।"

गोल-गोल घूमकर स्थिर होते ही उसने अपनी उसी लकड़ी की टाँग का शब्दबेधी बाण मारा था, उस वृद्ध सज्जन की पीठ पर। उस अचानक आ पड़े पद-प्रहार से बेचारे तिलमिला उठे थे।

"लो बूढ़े, और मुँह लगेगा? जानता है मैं कौन हूँ? बनलता सुन्दरी! अरे, चार-चार छोकरों ने आत्महत्या की है बनलता के लिए।"

"ओह, कहाँ से घुस आई डिब्बे में यह पगली! घेरून तो गोशाई।" हमारे एक हृष्ट-पुष्ट सहयात्री महाउत्तेजित होकर बनलता को पकड़ने के लिए बाँहें समेटते हुए खड़े हो गए; पर बेचारे एक कदम बढ़े भी नहीं थे कि बनलता की लकड़ी की टाँग ब्रह्मास्त्र बनकर उन्हें धराशायी कर गई। फिर तो दुबली-पतली, साक्षात् रणचंडी बनी बनलता, फटाफट पद-प्रहार करती, उन्मत्त तांडव-सा कर उठी। हम तीनों बहनों को छोड़, प्रत्येक यात्री उसके काष्ठ पद-प्रहार का प्रसाद पा चुका था।

अब परम तृप्ति से वह मुस्कराती, लटकती खतरे की चेन के नीचे खड़ी होकर गाने लगी। कोई चेन खींचने का दुस्साहस करता भी तो कैसे? सहसा संगीत ने उसके क्रोध को साध लिया। गाना भी ऐसा-वैसा नहीं—सधे गले का एकदम पक्का गाना। मीठी ठुमरी के साथ, रेलगाड़ी जैसे टीपबन्दी का ठेका लगाती चली जा रही थी : गोरी तेरे नैन बिन काजर कजरारे।

गाने की प्रत्येक चटपटी पंक्ति के दोने के साथ वह किसी कुशल चाटवाले की भाँति मिर्च-मसाले की चुटकियाँ छोड़ती जा रही थी; कभी अपने चंचल कटाक्ष से और कभी नुकीले चिबुक पर धरी तर्जनी से। सहसा बंकिम ग्रीवा के एक सधे झटके के साथ एकाएक 'फ्यूज' हो गए बिजली के बल्ब की भाँति पल-भर को मुँदी उस आम की फाँक-सी उड़ी आँख ने उसके पेशे का परिचय दे दिया।

वृद्ध सज्जन ने घृणा से मुँह फेरकर पच्च से वहीं थूक दिया। लुंगी-सी लपेटी साड़ी को अब वह घुटनों तक उठाती वहीं पर ठुमक रही थी। नाचते-नाचते वह मेरी दोनों बहनों की ओर बढ़ी, और धप्प से उन्हें खिसकाती, बीच में बैठ गई।

अब आरम्भ हुआ उसका धाराप्रवाह अंग्रेजी भाषण। क्षणभर पूर्व जिसके अश्लील कटाक्ष, मदालस हँसी और पल-भर को मुँदी आँख का घिनौना आमन्त्रण यात्रियों के संस्कारी चित्त को घृणा से भर गया था; वे ही यात्री उसकी शुद्ध अंग्रेजी सुनकर आँखें फाड़-फाड़कर प्रशंसा से उसे देखने लगते थे। देश तब पराधीन था, शायद इसी से आंग्ल-प्रभुओं की भाषा भी सुननेवालों को अपने वशीकरण मन्त्र से बाँध लेती थी।

"अरे बहन!" वह कह रही थी, "चौबीस परगना के दौरे पर गया था, उस बार कपूर साहब, सात जिलों का हाकिम, ऊँचा, तगड़ा, गोरा चिट्ठा, आँख ऐसी नीली-हरी, जैसे तूतिया! मुझसे बोला—'बौनी, इस बार दौरे पर तू चलेगी मेरे साथ? मचान पर बैठकर तेरा गाना सुना जाएगा। शेर का शिकार भला तेरे बिना कैसा?' मुझे 'बौनी' कहता था मुँहझौंसा! कहता था—'बौनी, तेरी संगमरमर की मूर्ति बनाकर अपने बाप-दादों के कासल में लगाऊँगा।' मूर्ति तो नहीं ले गया, टाँग जरूर ले गया मेरी।" एक बार फिर बनलता की भयावह हँसी सबको सहमा गई।

"उसी के साथ शेर के शिकार को गई थी। कहता था ऐसा शिकार संसार के किसी शिकारी ने आज तक नहीं किया होगा। एक ही गोली से दो शिकार करूँगा आज—उधर आदमखोर शेर इधर आदमखोर शेरनी। खूब हँसा था मुँहजला! शेर दहाड़ा, उसने गोली चलाई। एक ही में तड़पकर शेर गिरा और कपूर साहब ने खुशी से उछलकर मुझे बाँहों में भरा, चरमराकर मचान टूटा। साहब तो डाल पकड़कर लटक गया; पर मैं गिरी धमाक से। गैंग्रीन हुआ, टाँग कटी। होश में आई तो देखा टाँग ही नहीं, फिरंगी प्रेमी भी चला गया है मरा।

लँगड़ी शेरनी अब आदमखोर नहीं रह गई है। भाई...अब तो बस गाना गाती है वह...” अपनी लकड़ी की टाँग पर पतली उँगलियों से ठेका देती वह उन दिनों का अत्यन्त लोकप्रिय गीत गा-गाकर झूमने लगी :

तूमी जो गियाछौ बकुल बिछान पथे।

लकड़ी की टाँग पर ताल देती लम्बी उँगलियाँ, उन बड़ी मदालस अमानवीय आँखों की क्षुधातुरा सिंहनी की-सी दृष्टि और हवा में उड़ रहे घने काले केश! गीत की दूसरी पंक्ति बार-बार दुहराती वह न जाने क्यों मेरी ही ओर देखकर ऐसे मुस्करा रही थी, जैसे प्रश्न पूछ रही हो—‘आमि शे की हाय फेले जावा माला? (हाय, मैं क्या फेंकी गई माला ही हूँ?)

इतने वर्ष बीत गए हैं, न जाने कितनी रेलगाड़ियों में चढ़ी हूँ, कितनी से उतरी हूँ, किन्तु असम के गहन अरण्य को चीरती उस रेलगाड़ी में बैठकर गाती उस रहस्यमयी स्वरलय-नटिनी के उस टीस-भरे गीत की प्रश्न-मुखर पंक्ति आज भी मेरे जीवन की सबसे गहरी याद बनकर रह गई है। कभी-कभी लगता है, वह लकड़ी की टाँग पर ताल देती, गा-गाकर मुझसे अब भी पूछ रही है—*‘आमि शे की हाय फेले जावा माला?’*

भूली कहाँ हूँ

पंडितजी का, गुरु-रूप में परिचय, मेरे जीवन में एक श्रेष्ठ सम्पदा के रूप में सर्वदा संचित रहा है। अपने व्यक्तिगत सौभाग्य से मैं उस उदारमना व्यक्तित्व के स्नेहमय साये में आठ वर्ष तक रही। आज जब उन आठ वर्षों के संस्मरण सँजोने बैठती हूँ, तो सहसा 1935 के आश्रम-रंगमंच के रेशमी परदे स्वयं सरसराकर उठ जाते हैं। आश्रम के 'खैलार माठ' से एक लाल सड़क के हाशिए से विभाजित दूसरा धूलि-धूसरित मैदान था और उसी से लगी थी 'गुरुपल्ली'। एक ही कतार में ताड़-खजूर और मालती लता के साये में खड़े, एक नक्शे के बने, कच्ची मिट्टी की खपरैल से छाये मकानों में पहला मकान था बड़े पंडितजी का, व्यक्तित्व में गृहस्वामी की ही भाँति सरल, छोटा-सा बरामदा, फिर एक बरामदा, कोने में बिछा लकड़ी का तख्त, अलमारी में उसी विभिन्न आकार की पुस्तकों का स्तूपाकार गट्ठर, फिर एक बरामदा, आँगन और आँगन से ही लगी छोटी-सी कोठरी में बनी भाभीजी की सुरम्य रसोई, जहाँ से आती उत्तरप्रदेशीय नथुनों से पूर्वपरिचित खाद्य-सामग्री की सुगन्ध-लपट, बंगाल के 'घण्ट', 'चड़चड़ी', 'कोपीर डालना' और 'आलू पटल' के सर्वथा नवीन अटपटे स्वाद की कसक को पलभर में धो-पोंछकर बहा देती। पंडितजी के यहाँ तो हम उत्तरप्रदेशीय छात्राओं का अड्डा ही था। भूख लगी तो चल दीं। कभी भी समय-असमय हमारा आक्रमण निरीह भाभीजी की रसोई पर होता और वे हँसकर हमारा स्वागत करतीं। गोरे बूटे-से कद की आनन्दी भाभीजी कभी मूड़ी का पूरा कनस्तर ही उतारकर हमारे सम्मुख रख देतीं, सरसों के तेल में सनी, हरी मिर्च और कच्चे प्याज से बनी वह मूड़ी, सुरदुर्लभ पदार्थ लगती और देखते-ही-देखते वह पूरा कनस्तर साफ हो जाता। धोती, ढीला कुरता और अण्डी की चादरधारी पंडितजी दूर ही से पहचाने जाते। लम्बा कद, न दुर्बल,

न स्थूल, प्रशस्त माथा, आँखों में अनूठी चमक और अधरों पर बात-बात पर उतर आनेवाली स्निग्ध हँसी।

उनके पढ़ाने का अपना अनूठा ढंग था। कभी-कभी अपने कट्टर गुरुजी की कहानियाँ सुनाते और कभी सामान्य-सी बूँदाबाँदी होने पर ही भीगने की छुट्टी कर देते। यह आश्रम की एक विशेष प्रकार की मौलिक छुट्टी होती थी, वर्षा होने पर कोई भी कक्षा अपने अध्यापक के साथ 'भीगने की छुट्टी' मनाने जा सकती थी। कभी अनिल चन्दा के साथ गाते, हो-हल्ला मचाते हम लोग 'श्रीनिकेतन' की ओर चले जाते :

श्रावनेर गगनेर गाय, विद्युत् चमकिया जाय,
क्षणे-क्षणे, शर्वरी सिहरिया उठे हाय...

शर्वरी सिहरे न सिहरे, समवेत कण्ठ-स्वर से आश्रम की दिशाएँ अवश्य सिहर उठतीं।

पंडितजी की कक्षा में, इस छुट्टी के अतिरिक्त, एक प्रकार की छुट्टी और भी होती थी, जब कभी कुछ चुने छात्र-छात्राओं को पंडितजी के लिए ब्लेड, साबुन आदि लेने आश्रम की एकमात्र दुकान 'को-ऑपरेटिव स्टोर' तक भेजा जाता। लानेवाले के लिए सचमुच पारिश्रमिक की भी व्यवस्था रहती, इसी से इस उदार प्रस्ताव को स्वीकार करने कभी-कभी पूरी कक्षा ही चल पड़ती। किन्तु प्रत्येक शान्त व्यक्ति की भाँति पंडितजी का क्रोध भी बड़ा विकट होता था। एक बार हमारी कक्षा के एक अत्यन्त निरीह छात्र शरणप्रसाद को पंडितजी ने पढ़ाते समय आँवले की गुठली कड़काते पकड़ लिया। उन दिनों आश्रम में छात्र-छात्राओं के इस 'आमल के भक्षण' से सभी अध्यापक परेशान थे। जिसे देखो, वही आँवले की गुठलियाँ मुँह में सुपारी-सी कुतर रहा है। एक-दो बार पंडितजी कुछ अन्य छात्राओं को इस उद्दंड कुड़क-कुड़क के लिए डपट चुके थे, "तुम लोग यहाँ आँवला खाने आती हो या पढ़ने? अब किसी को गुठली कड़काते देखा तो बाहर निकाल दूँगा—समझीं?"

उन्होंने कहा था और समझनेवालियाँ खूब समझती थीं कि गरजनेवाला यह निरीह मेघ कभी बरसता नहीं।

उस बार हमारी कक्षा का शरणप्रसाद न जाने कैसे पकड़ में आ गया। "क्यों शरणप्रसाद," पंडितजी का चेहरा तमतमा उठा, "कितनी दर्जन गुठलियाँ हैं मुँह में? खोलो मुँह!" शरणप्रसाद ने भोले कन्हैया भी भाँति मुँह खोलकर त्रैलोक्य-दर्शन करा दिए। स्पष्ट था कि गुठली बाजीगरी सफाई से जीभ के

नीचे छिपा ली गई है।

"हूँ!" पंडितजी बोले, "हम क्या समझते नहीं, जीभ के नीचे छिपा ली है? खड़े रहो पूरा पीरियड। उसे देखो"—मेरी ओर उँगली दिखाकर उन्होंने कहा, "अभी नई-नई आई है पहाड़ से, कैसे सिर झुकाए शान्त गऊ-सी बैठी रहती है! एक तुम हो, इतने दिनों से आश्रम में हो, पलभर सीधे नहीं बैठ सकते?"

उस सार्वजनिक सभा में अपनी प्रशंसा सुनकर मैं अपनी प्रसन्नता का गह्वर सहसा रोक नहीं पाई। ऐसी खाँसी उठी कि जीभ के नीचे बड़े छलबल से छिपाई गई आँवले की गुठली गोली-सी छिटककर सीधी पंडितजी की गोद में जा गिरी। पहले वे चौंके, फिर ठहाका मारकर जोर से हँस पड़े।

उस उदार गुरु का वह राशिभूत अट्टहास आज भी रह-रहकर मेरी स्मृति-प्राचीर में गूँज उठता है। कान उमेठकर लेखनी की सही पकड़ सिखाने वाले उस सहृदय गुरु के संस्मरण क्या एक-आध हैं?

घटा तले हिन्दी कक्षा के मुट्ठी-भर छात्र-छात्राएँ पण्डितजी को घेरकर बैठे हैं। उन दिनों हमारे पाठ्यक्रम में 'सुन्दर काण्ड' था और पढ़ाते थे स्वयं पंडितजी। अपनी अण्डी की चादर गुड़ी-मुड़ी कर लपेट पंडितजी हिल-हिलकर 'सुन्दर काण्ड' पढ़ाने लगते तो लगता कि पूछने को कुछ है ही नहीं। एक-एक दोहा, चौपाई उलझे तागे-सी स्वयं सुलझती जाती। लगता, जैसे अवनीन्द्र ठाकुर की रोचक 'गल्पेर क्लास' का ही पीरियड चल रहा हो।

तब एक काव्य-संग्रह हमारे पाठ्यक्रम में था, उस पीरियड को भी पंडितजी ही लेते, पर काव्य-संग्रह पढ़ाने में पंडितजी को न जाने क्यों विशेष रुचि नहीं रहती। "क्या करोगी यह सब यहाँ पढ़कर, घर में पढ़ लेना।" एक दिन मैं पीछे पड़ गई, "घर पर भला कौन बैठा है पढ़ानेवाला, परीक्षा सिर पर आ गई है; अब तो आप पढ़ा ही दीजिए।"

"मूरख कहीं की,"—बार-बार एक कविता का अर्थ समझा देने की जिद से पंडितजी झल्लाकर बोले, "क्या धरा है इसमें समझने को!"

मुझे आज भी वह कविता याद है और सोचती हूँ, पंडितजी नहीं भूले होंगे। कविता थी :

कोकिल बोलो तो!
प्राणों में मधु घोलो तो....

"अब कोकिल है," पंडितजी बोले, "कौवा तो है नहीं, जो काँव-काँव होगी! कुहू-कुहू कर रही होगी, बस घुल गया होगा, प्राणों में मधु, जाओ भागो, छुट्टी।"

इस सहज, सजीव व्याख्या के पश्चात् भला कुछ पूछने का प्रश्न ही कैसे उठ सकता था? कभी-कभी दस मिनट पहले ही ऐसी अप्रत्याशित छुट्टी मिल जाती, पर कभी व्याकरण की कक्षा में अनुशासन की पतली जान-लेवा रस्सी पर, किसी क्रूर नट पिता की ही भाँति पंडितजी हमें चढ़ाकर एक-एक नपा-तुला कदम रखना सिखाते थे।

"व्याकरण की क्लास में फाँकी देकर क्या कभी एक ढंग का निबन्ध भी लिख पाओगी तुम लोग? और यह गउरा," अचानक वे मुझ पर बरस पड़ते, "जितनी ही सीधी थी, उतनी ही शैतान हो गई है। देखेंगे अब हम तुमको, एक दिन कान जऽड़ से उखाड़कर रख देंगे। आज ही कहेंगे जयन्ती से,"—'जड़' के बीच एक विशेष भीड़-सी खींचकर पंडितजी ऐसे सहमा देते, लगता, कान सचमुच ही जड़ से उखाड़ा जा रहा है, पर कहना व्यर्थ है—न तो मुझे वह एक दिन देखने को कभी आया, कर्णद्वय अभी भी समूल सुरक्षित हैं और मेरी बड़ी बहन जयन्ती से मेरी शिकायत जड़ने की भयावह धमकी सदा कक्षा ही तक सीमित रही।

पाठ्यक्रम की पुस्तकों को ही पढ़ाने की पंडितजी को विशेष चिन्ता नहीं रहती, वैसे कर्ता, कर्म, करण, अधिकरण की नीरस बारहखड़ी जिस महत् व्यक्तित्व ने बड़े परिश्रम से रटाई है—यह जब स्मरण करती हूँ तो गर्व से फूलकर कुप्पा हो उठती हूँ।

कभी-कभी हमारी पूरी कक्षा को ही तारे निकलने पर, पंडितजी के घर आने का निमन्त्रण मिल जाता, "जाओ, भागो सब, आज इस पीरियड को इस बेला नहीं पढ़ाएँगे, हमें गुरुदेव के पास जाना है, संझा को घर पर आना, वहीं पढ़ाएँगे।" पता नहीं इस युग के शिक्षाशास्त्री इस विचित्र शिक्षा-पद्धति के विषय में क्या कहेंगे, पर ऐसी सरस कक्षा, बोलता, चलता-फिरता पाठ्यक्रम और छात्र-छात्राओं की भीड़ को 'पाइड पाइपर' की-सी जादुई वंशी-धुन से खींचे लिए जा रहे पंडितजी! क्या अनुशासनहीनता के इस युग में, जहाँ प्रतिवर्ष परीक्षा-भवन में उद्दण्ड छात्र-वर्ग, क्रुद्ध, बर्बर, आदिमयुगीन हृदयहीनता से, अनेक अध्यापकों को अपने अचूक भाले या छुरे का निशाना बना, समय से पूर्व ही अवकाश-ग्रहण करवा देते हैं, यह सबकुछ अविश्वसनीय नहीं लगता?

गुरु की परिभाषा शायद अब बदल गई है; पर लाख बदले, हमारी मोबाइल कक्षा की स्मृति कभी नहीं बदल सकती—'ली कार्बुजे' निर्मित वर्ण-विन्यास की जटिल अभिरामतापूर्ण नगरी, चण्डीगढ़ में रहकर भी, निश्चय ही नई सभ्यता

के विघटनकारी संस्पर्श से अछूती गुरुपल्ली के अपने उस कच्ची मिट्टी के आँगन में जुटी हमारी मुँहलगी कक्षा की भीड़ को नहीं भूले होंगे।...

एक-एक कर, आकाश के रहस्यमय सौरमंडल से परिचय चलता। "वह रहा सप्तर्षि," सहसा एक ही अँगूठे की धुरी पर गोल घूमते पंडितजी सप्तर्षि से परिचय कराने लगते।

"अरे, कहाँ है पंडितजी?"

"अरे, इस मूर्ख कुसुम को कुछ नहीं सूझता—देखती नहीं?"

फिर आकाशगंगा की दुरूह पहेली सुगम हो उठती। आज जब मेरा पुत्र बहुमूल्य विदेशी यन्त्रों से विभूषित नैनीताल की 'ऑब्जरवेटरी' से विराट् आकाश की महिमा पहली बार देख मुझे अपनी पांडित्यपूर्ण दलीलों से प्रभावित करने की चेष्टा करता है तो मुझे हँसी आती है, "कितनी पावरफुल दूरबीन है कि बस—" मैं कैसे उस नन्हे मस्तिष्क को समझाऊँ कि जिस शक्तिशाली दूरबीन से मैंने सौरमण्डल को देखा है, उससे वह कभी नहीं देख सकता।

पंडितजी एक-एक तारे की महिमा समझाते जाते और आकाश के समग्र जगमगाते तारे, जैसे झुक-झुककर परिचित मित्र की भाँति मुस्कराकर हमसे हाथ मिलाने लगते। न तब हमारे पास दूरबीन थी, न कोई यन्त्र। विचित्र ऑब्जरवेटरी का विचित्र संचालक था। केवल कंठनली टेपरिकार्ड था और लम्बे-लम्बे हाथों को हिला-हिलाकर समझाया गया सुगम रोचक पाठ। अचानक रात के खाने का घंटा बजता, आश्रम के प्रत्येक घंटे का अपना अनोखा ही आरोह-अवरोह रहता। एक-दो-तीन-चार-पाँच—बीते समय का ध्यान आता और हम भोजनालय की ओर भागते।

दूसरे दिन व्याकरण का पीरियड है। आज पंडितजी गुरुदेव का नया लिखा उपन्यास 'चार अध्याय' ले आए हैं। कई दिनों तक पढ़-पढ़कर पंडितजी हमें सुनाते रहे। मौलसिरी के विराट् वृक्ष की छाया में एक बार पंडितजी गुरुदेव की उन पर लिखी गई पंक्ति 'डेके आनो बालुकडांगार पंडित हजारीप्रसाद के' को पढ़कर बड़ी देर तक हँसते रहे थे। उनकी इसी हँसी के विषय में मुझे कुछ कहना है। जैसे मुक्ता को गुणी जौहरी नेचुरल और कल्चर्ड की परिभाषा में बाँधकर रख देते हैं—हँसी को भी इसी मापदण्ड से मापा जा सकता है। कल्चर्ड पर्ल की बनावटी लालिमा की ही भाँति कल्चर्ड हँसी का पानी भी मुझे छिछला लगता है। किसी विदेशी चलचित्र के जटिल परिहास को न ग्रहण कर पाने पर भी, कंठ से जबरन खींचकर निकाली गई हँसी, जो सबकी हँसी बन्द हो

जाने पर भी बड़ी देर तक हॉल में गूँजती रहती है, ऐसी ही कल्चर्ड हँसी है।

पर एक दूसरी ही हँसी होती है—असली पानीदार मोती की दमक से स्वयं दमकती और दूसरे को दमकाती, दिशाएँ गुँजाती, रोड़े-पत्थर ठेलती, पहाड़ी झरने-सी सरस जलधार जो पास खड़े लोगों को भिगोती चली जाती है—ऐसी ही हँसी थी पंडितजी की। हो सकता है, अब बदल गई हो, पर ऐसी हँसी बदलती कम है। पंडितजी हिलते तो पूरा शरीर हिलने लगता। आश्रम में गज़-गज़ की दूरी पर असंख्य कक्षाएँ बिखरी रहतीं। पंडितजी हँसने लगते और सब मुड़कर देखने लगते। एक ही रस्सी में बंधी कई घंटियाँ एकसाथ खनकने लगतीं।

"क्यों जी कमला, कल बड़े सवेरे तुम्हारा भाई संकटलाल लँगोट लगाए डण्ड पेल रहा था।" अचानक अपनी छात्रा के लाल लँगोटधारी डण्ड-प्रेमी सहोदर की स्मृति पंडितजी को गुदगुदा जाती और वे एक ठहाका लगाकर हँस उठते।

एक बार पंडितजी ने बड़ी-सी दाढ़ी रख ली थी। बस, फिर क्या था—पूरी कक्षा उनके पीछे पड़ गई। "छिःछिः पंडितजी! एकदम जोगी बाबा लग रहे हैं आप। कटवानी ही होगी दाढ़ी।" पंडितजी बराबर कहते कि "कुछ फुड़ियाँ निकल गई हैं, इसी से दाढ़ी बढ़ा ली है, कोई शौक से थोड़े ही पाली है।" पर उनकी कौन सुनता? आज अपनी बचकानी जिद पर हँसी भी आती है।

अन्तर्राष्ट्रीय साहित्यिक ख्याति के उस विद्वान् गुरु की कैसी मुँहलगी कक्षा थी हमारी—कभी साबुन-ब्लेड के मूल्य से भी अधिक बड़ी बेईमानी से वसूल किया गया कमीशन, कभी दाढ़ी कटवाने की ज़िद, कभी अकारण ही सामान्य-सी बूँदाबाँदी का बहाना बनाकर माँगी गई छुट्टी।

कुछ वर्ष पहले, अपने क्षणिक प्रयाग-प्रवास के बीच भी समय निकालकर पंडितजी मुझसे मिलने आए। वही परिचित स्नेहस्निग्ध हँसी, वही मोटे हार्नरिम का चश्मा और ढीला कुरता—बस, नहीं थी तो अण्डी की चादर और शायद उसी के बिना मेरा रेखाचित्र अधूरा-सा बुना जा रहा है।

एक बार पंडितजी ने मुझे लिखा था, "तुम्हारी पुस्तिका मिली, पढ़कर बड़ी प्रसन्नता हुई। शान्तिनिकेतन का उन दिनों का तुमने ऐसा सजीव चित्र खींचा है कि कई दिनों तक उन स्मृतियों से पीछा नहीं छूटा। उस छोटी-सी पुस्तिका में शान्तिनिकेतन जितना सजीव हुआ है, उतना बड़े-बड़े पोथों में नहीं हो पाया। तुममें छोटी-छोटी किन्तु महत्त्वपूर्ण आत्मीयताव्यंजक बातों के द्वारा

सम्पूर्ण को जीवन्त बनाने की बड़ी क्षमता है।"

उक्त पुस्तिका मैंने एक परिचित प्रकाशक के विशेष आग्रह पर लिखी थी—साथ में प्रकाशक ने एक लुभावनी पुरस्कार-योजना की भी घोषणा की थी। सौभाग्य से पुरस्कार मुझे नहीं मिला, पर अपने गुरु द्वारा प्रदत्त प्रशंसा का यह अनूठा कोहनूर मेरी साहित्यिक मंजूषा का सबसे जगमगाता रत्न है।

उसी दिन से मेरी लेखनी एक ऐसे गहन वन में वनमृगी-सी निर्भीक छलाँगें लगाने लगी है, जहाँ उसे क्रूर से क्रूर व्याध के बाणों का भी भय नहीं रहा है। पर आज सब संस्मरणों की पोटली खोलकर लिखने बैठी हूँ तो सम्पूर्ण को जीवन्त बनाने की 'क्षमता' सहसा खो बैठी हूँ। 'गुरुशापात् स्मृति-भ्रष्टा' का-सा आभास हो रहा है।

पंडितजी के बहुरूपी व्यक्तित्व की कई रंगीन स्लाइडें एक-एक कर उभर आती हैं :

हिल-हिलकर सुन्दर-काण्ड पढ़ाते पंडितजी!

संकट के लाल लँगोटी की स्मृति पर ठहाका लगाते पंडितजी!

'जऽड़' से कान उखाड़ने की धमकी देते पंडितजी!

दाढ़ी बढ़ाए, अण्डी की चादर लपेटे, मिट्टी के आँगन में गोल-गोल पैर के अँगूठे की धुरी पर घूमते आकाश के अतिथियों से परिचय कराते पंडितजी और अन्त में—कार से उतरते रेशमी कुरते और धोती में पहले से कुछ-कुछ बदले पंडितजी—क्यों फोकस बार-बार बिगड़ जाता है? अच्छे चित्र के लिए कलाकार बैकग्राउन्ड को बड़ा महत्त्व देते हैं। चित्र बने भी कैसे? एक बार भी यदि पंडितजी फिर उसी कच्चे मकान के आँगन में खड़े हो सकते! गुड़ीमुड़ी कर ओढ़ी गई चादर, ढीला कुरता और काँख में दबा 'विश्वभारती' का नारंगी रजिस्टर—एक बार भी यदि गरजकर कह सकते—"देख लेंगे तुमको एक दिन—कान जऽड़ से उखाड़कर रख देंगे..."

तब शायद फिर सम्पूर्ण को जीवन्त बनाने की क्षमता पा लेती!

एक बार पूज्य हजारीप्रसाद द्विवेदीजी ने मेरे एक पत्र के उत्तर में लिखा था :

"अपनी पुरानी छात्र-मंडली को कभी भूल सकता हूँ। मेरे सामने तुम सब छोटी-छोटी छात्राओं के रूप में उसी प्रकार साकार हो। तुम लोगों को कैसे भूल सकता हूँ। कामकाज में भूलकर भूलना भी कोई भूलना है!"

गुरुदेव ने लिखा था :

भूली कहाँ हूँ

"अन्यमने चलि पथे
भूलि ने की फूल
भूलि ने की तारा
तबुओ ताहारा
प्राणेर निःश्वास वायु करे सुमधुर
भूलेर शून्यता माँझे भरि ये सुर
भूले थाका, नय शे ते भोला–

"अन्यमनस्क पथिक यदि राह चलते, तारों और खिले फूलों को नहीं देख पाता तो क्या उन्हें भूल जाता है? वे ही तो उसके प्राणों की निःश्वास वायु को सुमधुर बनाते हैं। भूलने की शून्यता में वही तो स्वर भर देते हैं। इसे भला भूलना कहते हैं!"

गुरुपल्ली की मीठी स्मृति भी मेरे प्राणों की निःश्वास वायु को चिरन्तन माधुर्य से भरती, भूलने की शून्यता में मीठे स्वर भरती रहेगी और इसी से मैं भी कहती हूँ :

भूली कहाँ हूँ?

शुचि स्मिता

मृत्यु से कुछ पूर्व, रवीन्द्रनाथ ने कहा था, 'मैं ऐसा विश्वास करना अपराध ही मानता हूँ कि मनुष्यत्व का अन्तहीन और प्रतिकारहीन पराभव ही चरम सत्य है।' उनकी यह अमृतवाणी मुझे दुख के दुर्वह क्षणों में सदैव प्रेरणा देती रही है। अपने इस दीर्घ जीवनकाल में अनेक बार ठगी गई हूँ। उन्हीं से प्रवंचना का उपहार पाया है, जिन्हें अपना ही एक अविच्छित अंग माना था, किन्तु जब-जब अपमान, मिथ्यारोप, लांछना और विश्वासघात ने मन तथा तन को निष्प्राण कर अवश बना दिया, तब-तब गुरुदेव की इन्हीं पंक्तियों ने मुझमें पुनः प्राणशक्ति का संचार किया है। इतने बड़े विश्व में मैं क्या अकेली हूँ, जिसने यह सब झेला है? इतना अवश्य है कि जब अपने ही निकटस्थ आत्मीय प्रियजन अकारण ही शत्रु बन उठते हैं, तो वह चोट, गुमचोट बन जाती है, किन्तु ऐसा तो मानव स्वभाव है ही। रावण ने विभीषण को यही कटु सत्य तो समझाया था–

जानाभि शीलं जातीनां सर्वलोकोषु राक्षस
दृष्यन्ति व्यसनेष्वेते ज्ञातीनां ज्ञातयः सदां

(अयि राक्षस! सारे संसार में भाई-बन्धुओं के स्वभाव को मैं जानता हूँ। जाति के लोग ही सदा जाति के लोगों के कष्ट को देखकर प्रसन्न होते हैं।) पर यह भी सत्य है कि जीवन के इन छोटे-मोटे आघातों का ही लेखा-जोखा रखते रहे, तो जीवन कष्टकर होगा, जीवन में ऐसी अनूठी मैत्री का स्वाद भी तो चखा है। जब स्नेही मित्रों ने अकारण ही सहायता की है, दुर्दिन में हिम्मत बढ़ाई है और ऐसी ही दुर्लभ मैत्री की स्मृति, लांछनाओं और भर्त्सनाओं को भी पुष्पहार बना देती है।

यह मेरा दुर्भाग्य ही है कि एक ही वर्ष में मैंने अपने ऐसे तीन आश्रम

साथियों को खो दिया! सुशीला मेहता, अरुंधती देवी और गिरधारी लाल। जीवन की प्रौढ़ सन्ध्या में प्रियजनों का विछोह किसे विचलित नहीं करता? भर्तृहरि की ये पंक्तियाँ वेदना विदुर हृदय को रह-रहकर मथने लगती हैं—

निवृत्ता भोगेच्छा, पुरुष बहुमानो विगलिता
समाना स्वर्याता, सपदि सुहृदो जीवित समाः

इसमें कोई सन्देह नहीं कि समवयसी मित्रों को सहसा अपने से पहले ऐसे अकस्मात चले जाने के लिए हम कभी क्षमा नहीं कर पाते। शान्तिनिकेतन में गिरधारी मेरे स्कूल से लेकर कॉलेज तक सहपाठी रहा। उससे एक परिचय बचपन का भी था। उसके पिता डॉ॰ हीरालाल सौराष्ट्र की रियासत जसदण में डॉक्टर थे। वहीं कुछ समय मेरे पिता भी रहे थे, जहाँ के ठाकुर बापा साहेब आलाखाचर, राजकुमार कॉलेज, राजकोट में उनके छात्र रह चुके थे। छोटी-सी रियासत, किन्तु राजसी वैभव में कहीं छोटापन नहीं। वयस छोटी होने पर भी मुझे सबकुछ याद है, उस महल की अनूठी सज्जा, लम्ब-तड़ंग अरब नौकरों की वेशभूषा, उनके हाथों अरबी क़हवा के धुआँ छोड़ते प्याले। असंख्य दासियाँ। बड़ी रानी कमला बा, छोटी माधवी देवी, जो कपूरथला की राजकन्या थीं, जिनकी बैंबबर्ग जॉर्जेट की साड़ियों में लगी बड़ौदा ज़री बिजली की-सी झलकें मारती थी और फिर कमला बा की एकमात्र सन्तान लीला बा, जो मेरी समवयसिनी थी और जिनके साथ खेलने मुझे बा साहेब ने एक बार दो दिन रोक लिया था। मैं रात-भर अपनी माँ के पास जाने के लिए रोती रही थी। गिरधारी ने भी वह वैभव देखा था। इसी से पूर्व परिचय की भित्ति और दृढ़ हो गई थी। फिर वह मेरी ही कक्षा में था। फर्राटे से बंगला बोलता था और बचपन से ही आश्रम में रहने के कारण एकदम बंगाली बन गया था।

आश्रम में उसे 'घंटा कुमार' भी कहा जाता था, क्योंकि आश्रम के घंटे की रस्सी उसी के हाथों में रहती, चाहे सिन्हासरत का भारी-भरकम घंटा हो या घंटातला का अनुष्ठानी घंटा। आश्रम के घंटे का तब अपना एक विशिष्ट व्याकरण था। वैतालिक का घंटा एक साथ दस बार, प्रार्थना का घंटा अलग, बुधवार की उपासना का अलग और खाने का अलग। फिर छुट्टी का वह बहुप्रतीक्षित घंटा, जिसे सुनने के लिए हमारे कान बड़ी तत्परता से खड़े रहते।

घंटे के संचालन में गिरधारी पारंगत था। वर्षों से घंटे की डोर पर एकमात्र उसका ही एकाधिकार था। कंठ भी उसका वैसा ही गुरुगंभीर था। इसी से प्रार्थना-सभा में उसे और जगतबन्धु कृष्णनन को सदा पहली पंक्ति में खड़ा

किया जाता और तब

ऐशो हे ज्योतिर्मय

तोमारी होक जय

की गंभीर स्वरलहरी गूँजती, तो लगता एकसाथ बीसियों मेघ गरज उठे हैं। प्रार्थना सभा समाप्त होती और गिरधारी नित्य की तत्परता से कक्षा आरम्भ होने का घंटा बजाने भागता। आज आश्रम की असंख्य स्मृतियों के साथ एक स्मृति विस्मृति का पर्दा फाड़कर क़लम थाम रही है। जैसा मैंने कहा था, आश्रम के घंटों का अपना अनोखा व्याकरण था। घंटे की भाषा को हम सब पहचानते थे। पीरियड आरम्भ होने के कुछ ही देर बाद एक और घंटा बज उठा, तो उस दिन हम चौंक उठे। यह घंटा तो यदाकदा ही बजता था। कुछ माह पूर्व तब बजा था, जब श्याम माली को केउटे साँप ने डँस लिया था। आज क्या फिर वही विषधर प्रतिशोध लेने चला आया था! घंटे की घनघन हमें सहमा गई और अपनी-अपनी कक्षाएँ छोड़, अध्यापक, छात्र-छात्राएँ सब घंटातला की ओर भागे।

'क्या हुआ गिरधारी?'

पसीने से लथपथ गिरधारी ज़ोर-ज़ोर से घंटा खींचे जा रहा था, 'संथाल ग्राम में भीषण आग लगी है, जाओ भागो!...भागो!'

आश्रम से सटा सन्थाल ग्राम क्या दस-बीस कोस की दूरी पर था! कभी भी लपटें आश्रम तक पहुँच सकती थीं। गुरुपल्ली के अधिकांश गृहों, कलाभवन के अनेक कक्षों की भी तो फूँस की छतें थीं। देखते-देखते हमारे अध्यापक उपेन्द्र दा की अनुशासनबद्ध टीम हाथ में पानी की बालटियाँ भर-भर कर भागी। एक मैं ही ठगी-सी गिरधारी के पास खड़ी रह गई।

मुझे अपने उस बाल सखा पर तरस भी आ रहा था और घंटा खींचने में उसकी मदद करने को ही मैंने घंटे पर बँधी रस्सी लपक ली।

'किसने कहा तुमसे यह करने को? जानती नहीं यह काम मेरा है, केवल मेरा!'

और उसने मेरा कान पकड़कर मल दिया। मेरे कान में लटके, कुछ ही दिन पूर्व सातवीं पौष के मेले से ख़रीदे गए, भारी ढोल के आकार के संथाली कर्णफूल, जिनकी गरिमा को मैं असह्य दर्द के बावजूद सहे जा रही थी, कान के साथ-साथ दंड के भागी बने। कान पहले ही पका था, रक्त की धार बह चली।

घंटा खींचना भूल गिरधारी घबराकर हाथ जोड़कर गिड़गिड़ाने लगा, 'प्लीज, किसी से कहना मत। मैंने जानबूझकर नहीं किया। तुझे तो पता है, मैं किसी को भी घंटा छूने नहीं देता!'

उसका वह करुण चेहरा मैं आज भी स्पष्ट देख पा रही हूँ।

मैंने किसी से भी कुछ नहीं कहा और उस कृतज्ञता को वह भी उन अड़तालीस वर्षों में नहीं भूला था।

कुछ वर्ष पूर्व, जब मैं पूरे अड़तालीस वर्ष पश्चात् हिन्दी-भवन की स्वर्ण-जयन्ती में भाग लेने गई, तो आश्रम के एकदम बदल गए कलेवर को देख मन क्षुब्ध हो गया था, किन्तु फिर एक-एक कर सहसा वर्षों के विस्मृत चेहरे किसी अदृश्य लौह कपाट को चरमराकर खोले, सहसा सम्मुख खड़े हो गए, विश्वनाथ, गौर किशोर, नीलिमा सेन और गिरधारी। कभी सोचा भी नहीं था कि उसे देखूँगी, 'याद है, यहीं तेरा कान मल मैं गिड़गिड़ाया था, प्लीज, किसी से न कहना!'

'याद है, याद है, खूब याद है, कान मला ही नहीं था, जड़ से उखाड़ भी लिया था हे, गिरधारी! और फिर किसी से न कहने के लिए गिड़गिड़ाए थे और भी तो बहुत कुछ किसी से न कहने के लिए गिड़गिड़ाए थे तुम, याद है?'

'सब याद है।' एक लम्बी साँस खींचकर वह आँखों पर लगा काला चश्मा सहलाने लगा था, 'देख तो रही हो, कैटरैक्ट (आँखों) के ऑपरेशन के बाद, कहाँ कुछ देख पा रहा हूँ। इतने वर्षों बाद भगवान ने मिलाया, पर तुम्हारा चेहरा भी तो साफ नहीं देख पा रहा हूँ। कल राजीवजी भी घर पर आए थे। उन्हें भी तो नहीं देख पाया। इस घर में अब मैं और पूपे ही रहते हैं। एक बेटा है, वह कलकत्ता में है। बहू और पोता भी वहीं हैं। वयस जब बढ़ती है और अन्त जब सन्निकट प्रतीत होता है, तो कभी-कभी अतीत की स्मृतियाँ गला घोंटने लगती हैं।'

पूपे! नंदिनी गुरुदेव की लाड़ली पौत्री, मेरी सहपाठिनी। गौर वर्ण, कटि तक झूलती मोटी वेणी, बड़ी-बड़ी आँखें, मासूम-भोला चेहरा। गिरधारी और पूपे के कच्ची वयस के अधकचरे प्रेम-प्रसंग की मैं ही प्रथम साक्षिणी थी।

गुरुदेव गर्मियों में जब-जब अल्मोड़ा आते, तो कंकरवाली कोठी गुलज़ार

हो उठती। मेरा पूरा दिन फिर वहीं बीतता। पास ही में बहुत पुराना गिरजाघर था। नीचे घाटी में कुष्ठाश्रम, जिसकी टीन की छतें प्रखर रौद्र का स्पर्श पाते ही दर्पण-सी चमकने लगती थीं। चारों ओर से देवद्रुमों के स्कन्ध स्पर्श कातर ठंडी हवा के झोंके। गिरजाघर की उन्हीं हिमशीतल सीढ़ियों पर बैठ हम दोनों अपना होमवर्क निबटातीं, गाने गातीं। दिन न जाने कब और कैसे चुटकियों में बीत जाता। पूपे की नेपाली आया हमारे लिए वहीं जलपान और बड़े से थर्मस में 'घोल' लेकर उपस्थित हो जाती। यह 'घोल' गुरुदेव नित्य दोपहर को पीते थे, दही का मट्ठा और ऊपर से निचोड़ा गया नींबू।

कभी-कभी देर से घर लौटने पर 'बोठान' (गुरुदेव की पुत्रवधू प्रतिमा देवी) की डाँट भी पड़ती।

उसी गिरजाघर की सीढ़ियों पर बैठ पूपे ने जब मुझसे एक दिन कहा, 'मैं माँ से कह दूँगी, विवाह करूँगी, तो गिरधारी से नहीं तो आजन्म कुँआरी रहूँगी!'

मैं उसकी दुःसाहसी घोषणा सुन दंग रह गई थी। साहस तो कम नहीं है लड़की का और फिर अभी तो सोलह की भी नहीं हुई। फिर उसने एक दिन मुझे एक मोटा दुम्बे-सा लिफाफा थमा दिया, 'देख, इसे चुपचाप पोस्ट कर देना। दीदी या माँ ने देख लिया तो मेरी खैर नहीं!'

उन दिनों गुरुदेव की पुत्री मीरा दी, उनकी पुत्री नन्दिता कृपलानी और उनकी मित्र ज्योत्स्ना भी गुरुदेव के साथ पहाड़ आई थीं। उतनी सजग आँखों से प्रवंचना क्या उचित थी! वह भी तब, जब स्वयं पूपे की जननी बोठान मुझ पर इतना स्नेह रखती थीं। उस बार पूजा में हम दोनों को उन्होंने एक-सी जयपुरी चुनरी ख़रीदकर दी थी और कहा था, 'इसको देखती रहना। ठीक से पढ़ रही है या नहीं! बहुत सीधी है मेरी पूपे...'

मैंने चिट्ठी पूपे को लौटा दी थी, 'नहीं, मैं यह काम नहीं कर पाऊँगी।'

वह पूरे दो दिन मुझसे रूठी रही। मैं भी नहीं गई। तीसरे दिन वह फिर अपनी आया के साथ मुझे लेने आ गई। यही उसकी विशेषता थी, क्षणे रुष्टा, क्षणे तुष्टा! भोली बालिका का-सा ही निष्कपट मन था उसका। लड़ती-झगड़ती, जो मुँह में आया बक देती और दूसरे ही क्षण फिर सबकुछ भूलकर दूधिया हँसी हँसकर कहती, 'किछू मने करीश न भाई, राग होले आमी जाता बले फेली...' (नाराज़ मत होना, गुस्सा आने पर मेरे मुँह से न जाने क्या-क्या निकल जाता है!)

आश्रम लौटे तो उसने गिरधारी का नाम भी कभी नहीं लिया, पर उसमें परिवर्तन अवश्य आ गया था। देखते-ही-देखते कैशोर्य का चापल्य सहसा विलीन हो गया, जैसे यौवन की समय से पूर्व आगमनी ने कैशोर्य को एक ही धक्के में बहुत पीछे धकेल दिया।

पर उन्हीं दिनों मंच पर उसका एक नृत्य हुआ—

एशो नीपवने छाया वीथी तले
एशो करो स्नान
नवधारा जले

और गिरधारी फिर 'उत्तरायण' के चक्कर लगाने लगा। तभी एक दिन सुना, पूपे का विवाह निश्चित हो गया है। उसके भावी वर अजीत खटाऊ ने उसका वही नृत्य देखा और मुग्ध हो गया। बम्बई के प्रसिद्ध उद्योगपति का सुदर्शन पुत्र। विवाह की मध्यस्थता मदाम सोफ़िया वाडिया ने की थी, जो ठाकुरबाड़ी से बड़ी घनिष्ठता से जुड़ी थीं।

मैंने स्वयं अपनी सखी के विवाह की तैयारियों में बड़े उत्साह से भाग लिया था। यह देखकर बड़ा आश्चर्य भी हुआ था कि स्वयं पूपे भी उन तैयारियों में उसी उत्साह से भाग ले रही थी।

स्वयं गुरुदेव ने मैत्रेयी देवी को एक पत्र में पूपे के उत्साह की चर्चा की है।

'यहाँ का सर्वप्रधान संवाद है, पूपे का विवाह! उसका चित्त आनन्द से उज्ज्वल है। अन्य लड़कियाँ इस अवस्था में, जैसे सलज्ज हो उठती हैं, उसका इसे कोई आभास भी नहीं है। अपने भावी सम्बन्ध को लेकर वह मुखर भाव से गर्व अनुभव कर रही है।'

तब क्या वह प्रेम-पत्र लेखन, वह दृढ़प्रतिज्ञा सबकुछ उसके भावी वैभव की कल्पना में बह गया था? गुरुदेव ने उसे एक सोने की अत्यन्त मोहक लॉकेट जड़ी चेन उपहार में दी थी। लॉकेट में उन्हीं की हस्तलिपि के सुन्दर आशीर्वचन स्वर्णांकित थे।

'देखद्दीश की सुन्दर?' (देखा, कितना सुन्दर है)? जी में आया पूछूँ, क्यों पूपे, भूल गई! तूने मुझसे गिरजाघर की सीढ़ियों पर बैठ क्या कहा था?

किन्तु इस विवाह को लेकर पिता-पुत्र में कुछ कहासुनी भी हुई थी, जिसका उल्लेख मैत्रेयी देवी ने, अपनी पुस्तक 'स्वर्गेर काछा काछी' में इन शब्दों में किया है—

'गुरुदेव चाहते थे, यह विवाह सादगी से सम्पन्न हो, किन्तु पिता ने भले ही अपनी ज़मींदारी आश्रम में विलय कर दी हो, पुत्र रथीन्द्रनाथ ज़मीदार घराने के वंशधर थे। रवीन्द्रनाथ तब मेरे पास मौंग्पू में थे। एक दिन अचानक रथी दा अपने दो भृत्य शिबू और शम्भु को लेकर उपस्थित हो गए। साथ में थे दो एयरडेल कुत्ते और एक ढोली पान। मौंग्पू में पान तब अप्राप्य थे और रथी दा बिना पान के रह नहीं सकते थे। रवीन्द्रनाथ तब मेज़ पर झुके। सन्ध्या के घनायमान अन्धकार में अपनी एक लघु-कथा को अन्तिम रूप दे रहे थे। बार-बार कहने पर भी वे नहीं उठे। कहने लगे, 'नहीं, मैं कहानी पूरी कर ही उठूँगा। मुझे 'आनन्द बाज़ार' के शारदीया अंक के लिए भेजनी है। उन्होंने कहा है, पारिश्रमिक सौ रुपए देंगे।'

रथीन्द्रनाथ ने अपने पिता के लिए बहुत किया, जितना उनकी कन्याएँ नहीं कर पाईं। पुत्र एवं पुत्रवधू प्रतिमा देवी से उन्होंने जो पाया, वह किसी अन्य आत्मीय आत्मजा से नहीं, किन्तु रथीन्द्रनाथ जो नहीं हैं, वह तो नहीं बन सकते थे। नन्दिनी के विवाह में धूमधाम हो, इसमें दादा मौशाय एकदम ही अभिप्रेत नहीं थे। रवीन्द्रनाथ मुझसे एवं सुधाकांत बाबू (रवीन्द्रनाथ के तत्कालीन सचिव) से ही अपना मत कहते। पुत्र से बात भी नहीं की। पुत्र भी दबंग पिता के सामने आने का साहस नहीं जुटा पा रहे थे। आते भी तो दूर जूता खोलकर, सिर झुकाए खड़े रहते, किन्तु पुत्र जितना डरे-सहमे थे, पुत्रवधू उतनी ही सहज बनी रहीं।

रथी दा समझ गए कि पिता को सम्भावित खर्चे की चिन्ता ही सता रही है, इसी से आडम्बर के नाम से चिढ़ रहे हैं। मुझसे बोले, 'मैत्रेयी, तुम्हीं समझाओ ना उन्हें। पच्चीस हजार की बीमे की राशि तो पूपे के नाम की है ही, उसी से सब निबट जाएगा। मैं तो 'विश्वभारती' की कोई क्षति नहीं कर रहा हूँ।' किन्तु कवि सन्तुष्ट नहीं हुए, उनकी आपत्ति तो दूसरी ही थी। इस बाह्यिक आडम्बर की अन्तःसार शून्यता ही तो उन्हें पीड़ित कर रही थी। कहने लगे, 'देखो, ये लोग गाँधीजी के आश्रम से लौटकर आए, तो कह रहे थे, वहाँ उन्हें बैठने के लिए पैकिंग केस दिए गए, कैसी सिंप्लीसिटी! इधर ये ही लोग मेरे आश्रम की भित्ति ही हिलाए दे रहे हैं।' मैंने बहुत समझाया कि 'देखिए, यह तो रथी दा का पहला और अंतिम काज है। आपके गृह में तो ऐसा उत्सव अब होगा नहीं। धूमधाम हो भी तो कौन-सा अन्धेर हो जाएगा!'

कहने लगे, 'मैत्रेयी, तुझे भी क्या लौकिकता का बयाना देकर ख्याति बटोरनी होगी? तुमने मुझे समझा क्या है? जोड़ासाँको में धूमधाम करें या उसे राजबाड़ी बनाएँ, मेरी कोई क्षति नहीं होगी, पर यहाँ मेरे आश्रम में... इसमें कैसी क्षति होगी, यह बात क्या तुम लोगों की समझ में नहीं आ रही है। तुम लोग क्या मेरी कोई बात भी नहीं समझोगे?'

(स्वर्गेर काछा काछी)

पर विवाह हुआ और बड़ी धूम-गरज से ही हुआ। 'उत्तरायण' के परिसर में ही आलमगीर शामियाना लगा, शहनाई भी बजी। कलकत्ता से सचल सिनेमाघर भी आया। हम आश्रमवासियों ने पहली बार गुरुदेव के उपन्यास 'गोरा' पर बनी फ़िल्म भी देखी। वर यात्रियों के लिए शाही मेज़बानी जुटाई गई। चाँदी की थालियों में बीसियों चमचमाती रूपाभ कटोरियों में, बंगाल के सुस्वाद व्यंजन भी परोसे गए—भीमनाग के सन्देश, बाग बाजार के रसगुल्ले, लेडी कैनिंग और अमृतघटों में छलछलाता मिष्ठी दोई, किन्तु गुरुदेव अपने छोटे से निवास 'उदीचि' में ही रूठे बैठे रहे, पर अपनी लाड़ली पौत्री के विवाह में भला कैसे न आते!

मैत्रेयी देवी ने इसका बड़ा रोचक वर्णन किया है, 'गुरुदेव ऐसे खिन्न थे कि मैं विवाह में सम्मिलित होने आई, पर विवाह के तीन दिन पूर्व ही प्रतिमा दी की दी गई अपनी प्रणामी की साड़ी लेकर खिसक आई। रानी महलानवीस (गुरुदेव का जिन पर अनन्य स्नेह था) भी विवाह से पूर्व ही मद्रास चली गईं। प्रतिमा दी बार-बार पूछतीं, 'मैत्रीयी, बाबा मोशाय ने तुमसे क्या कहा?'

मैं क्या कहती? गुरुदेव ने मुझसे स्पष्ट शब्दों में कहा था, 'जिस कार्य में मेरी अनिच्छा है, उसे तुम लोग क्यों समर्थन दे रही हो?'

उसी गोल-माल को देख मैं चली आई थी, किन्तु बाद में जब विवाह के चित्र देखे तो अवाक् रह गई। नन्दिनी के विवाह मंडप में प्रसन्नचित्त बैठे रवीन्द्रनाथ को देखकर कौन कह सकता था कि वे असन्तुष्ट होकर अनिच्छा से वहाँ बैठे हैं। जो भी हो, उस धनी व्यवसायी परिवार की कुटुम्बिता को रवीन्द्रनाथ कभी भी सम्पूर्ण रूप से ग्रहण नहीं कर पाए।'

(स्वर्गेर काछा काछी)

विवाह के बाद जहाँ गिरधारी एकदम ही गुमसुम हो गया था, वहीं पूपे जब पहली बार मायके आई, तो फूल-सी खिली लग रही थी। जितनी देर मेरे पास रही, बम्बई की ही चमक-दमक और अपने ससुराल के वैभव का ही बखान करती रही, पर फिर एक वर्ष बीतते न बीतते चेहरे की वही चमक विलुप्त हो गई और बात विवाह-विच्छेद तक पहुँच गई।

आश्रम से आने के बहुत दिनों बाद सुना, पूपे का विवाह गिरधारी से ही हो गया और दोनों आश्रम में ही हैं।

इतने वर्षों बाद दोनों से पुनर्मिलन मेरे लिए एक सुखद संयोग ही था, पर जहाँ गिरधारी पहले ही का गिरधारी लगा, वैसा ही स्नेही, उतना ही आनन्दी, वहीं पर पूपे के निर्विकार चेहरे पर पूर्व मैत्री की एक भी स्मृति रेखा नहीं उभरी।

'क्यों, पहचान नहीं रही है क्या?' मैंने उसे बाँहों में बाँधकर पूछा, पर मैं जैसे किसी प्रस्तर-मूर्ति को गले लगा रही थी!

यह क्या वही पूपे थी, जो मुझे कभी एक पल भी नहीं छोड़ती थी और अल्मोड़ा पहुँचते ही, मुझे ज़िद कर कंकरवाली कोठी में खींच ले जाती थी? मुझे देख वह फिक-फिक कर हँसती रही, भावहीन हँसी और खोया-खोया भावशून्य चेहरा! क्या हो गया था इसे? गिरधारी ने ही मेरा हाथ दबाकर धीरे से गुजराती में कहा, 'रेवा दे! एना मन नी अवस्था ठीक न थो।' (रहने दे, उसके मन की अवस्था ठीक नहीं है।)

मुझे सहसा धक्का-सा लगा। इतने वर्षों बाद जिससे मिलने इतने ललक से गई थी, उसका हाथ, हाथ में आते ही एक झटके से छूट गया। मैं समझ गई कि वह मुझसे बहुत दूर चली गई है।

'अब शायद ही तुझसे कभी मिलना हो।' गिरधारी ने भग्न स्वर में कहा था, 'मैं अब अधिक दिन नहीं बचूँगा। गले में दर्द रहने लगा है!'

'कैसी बातें कर रहे हो? गले में दर्द तो तुम्हें पहले भी रहता था। हमेशा गुलूबन्द लपेटे रहते थे...! खूब बचोगे, अभी तो दादा ही बने हो, अभी पौत्र-प्रपौत्र भी तो देखोगे!'

'नहीं, यह वह टांसिल का दर्द नहीं, हर वक़्त गले में काँटा-सा चुभने लगा है!'

सचमुच ही वह घातक काँटा मृत्यु-कंटक बनकर ही उपजा। उसके पुत्र का कलकत्ता से पत्र आया—'बाबा नहीं रहे। गले का कैंसर हो गया था।'

शुचि स्मिता

उसकी लिखी वे पंक्तियाँ, जो उसने पचास वर्ष पूर्व मेरी ऑटोग्राफ पुस्तिका में लिखी थीं, आज भी वैसी ही धरी हैं–

बीतीं मैत्री ना स्मरण
हैये रहि गया

(बीती मैत्री की स्मृति हृदय में रह गई। लिखनेवाला चुपचाप चला गया।)

अरुंधती

स्मृति गगन से तीसरा तारा टूटा—अरुंधती!

उसका साथ, यद्यपि तीन ही वर्ष रहा, पर उस संक्षिप्त अवधि में भी हम दोनों अटूट मैत्री की डोर में बँध गए।

उन दिनों पूरा आश्रम ही संगीतमय था। कभी 'चित्रांगदा' का पूर्वाभ्यास, कभी 'मायेर-खेला', कभी 'श्यामा' और कभी 'ताशेर देश'। उन दिनों आश्रम में सुरीले कंठों का अभाव नहीं था। खुकू दी (अमिता), मोहर (कनिका देवी), स्मृति, इंदुलेखा घोष, विश्री जगेशिया, सुचित्रा ऐसी ही कोकिलकंठी सुगायिकाओं के कंठों में एक कड़ी और जुड़ी। जैसा ही कंठ, वैसी ही खाँटी बंगाली जोतदारी ठसक। बूटा-सा क़द, उज्ज्वल गौर वर्ण, बड़ी-बड़ी फ़ीरोज़ी शरबती आँखें, जो पल-पल गिरगिट-सा रंग बदलती थीं। पहले ही दिन उसने संगीत सभा में बाउल गीत गाया—

कंठे आमार
शेष रागिनीर
वेदन बाजे
बाउल शेजेगो!

तो पूरा आश्रम झूम उठा और फिर तो वह देखते-ही-देखते लोकप्रिय गायिकाओं में अग्रणी हो गई यद्यपि वह छात्रावास में कभी नहीं रही। पहले खेल के मैदान के छोर पर और बाद में आश्रम के सीमान्त पर बनी एक पुरानी कोठी को किराए पर लेकर उसकी विधवा माँ अपने परिवार को लेकर रहने लगीं। उसी ने बताया कि वे अट्ठारह भाई-बहन हैं, पर सब इधर-उधर। कुछ बहनों का विवाह हो गया था, कुछ को विदेश भेजा। वे प्रवासिनी बन गई थीं। बड़े भाई की मृत्यु हो चुकी थी। केवल दो भाई गोपाल और बादल आश्रम

में शिक्षा प्राप्त कर रहे थे। उनका रहन-सहन, ओढ़ना-पहनना, खान-पान एकदम ज़मींदाराना था। कई दास-दासियाँ थीं। खाना पकानेवाला उड़िया ठाकुर था, जिसकी अद्भुत पाक-कला से नुकू (यही अरुंधती का 'पुकारने का नाम' था) की पूरी मित्र-मंडली बुरी तरह प्रभावित हो चली थी। एक ओर उनका आभिजात्य, दूसरी ओर वैसी ही विनम्र शिष्टता। उसकी माँ, जिन्हें हम 'माशी माँ' कहते थे, दीर्घांगी व्यक्तित्वसम्पन्न तेजस्वी महिला थीं। बहुत कम बोलती थीं, पर स्नेह-धारा जैसे उनकी विषादपूर्ण आँखों से निरन्तर झरती रहती थी। प्रायः ही हमें खाने को बुलातीं और स्वयं हाथ का पंखा झलतीं। हमें परमतृप्ति से खाते देख स्वयं भी तृप्त हो उठतीं।

मैंने नुकू के जितने भी भाई-बहन देखे, सबका रंग-रूप ठप्पा प्रायः एक-सा ही था। केवल छोटे भाई प्रवीर या बादल को छोड़कर। वही ऐंग्लोइंडियनी रंग और हरी-हरी आँखें। कभी भी किसी अनुष्ठान में 'वन्देमातरम्' गाने का अवसर आता, तो हम दोनों को ही एकसाथ बुलाया जाता। हमारे संगीत गुरु शैलजा रंजन मजूमदार कहते थे 'तादेरे गला बेश मिले जाए। तारोई जाबी' ('तुम दोनों का कंठस्वर मेल खाता है, इसी से तुम्हीं दोनों को जाना होगा।')

एक बार यही 'वन्देमातरम्' गान गाने के लिए हमें शिउड़ी ग्राम जाना पड़ा था। बैलगाड़ी में हिचकोले खाते-खाते जब शिउड़ी पहुँचे, तो सन्ध्या हो गई। उद्‌बोधिनी संगीत के बाद ही लौटना पड़ा। मार्ग में ही अँधेरा हो गया। सहसा आँधी आई और बैलगाड़ी में लटकी लालटेन भी बुझ गई। यद्यपि हमारे साथ और भी लोग थे, पर सुना था वह मार्ग बहुत सुविधा का नहीं है। पास ही में कहीं कापालिकों की आराध्या अट्टहास देवी का मन्दिर भी है।

बार-बार गाड़ीवान कह रहा था, 'भय पाबेन ना दीदीमनीरा, किस्सू हौबे ना।' (डरिएगा मत दीदीमनी, कुछ नहीं होगा), पर जब तक बोलपुर नहीं पहुँचे, हम दोनों एक-दूसरे का हाथ पकड़े भय से काँपती रही थीं।

अरुंधती का चेहरा विधाता ने अवकाश ही में गढ़ा होगा। खड्ग की धार-सी नाक, छोटे से रसीले अधर और मद-भरी आँखें। न कोई मेकअप, न सज्जा, फिर भी अष्टभुजा का-सा दिव्य रूप।

एक घटना बरबस अतीत की ओर खींच रही है। एक बार आश्रम के मेले में आश्रम की कुछ छात्राओं ने चाय का एक स्टाल लगाया। सबने सफ़ेद साड़ी पहनी, सन्थाली जूड़ों में जवापुष्प खोंसा और सिर पर धरी तिरछी गाँधी कैप। 'मेनू' की सज्जा सँवारी जया अप्पास्वामी ने। देखते-ही-देखते हमारी

दुकान पर भीड़ लग गई। आश्रम का चायवाला बूढ़ा कालू, जिसका स्टॉल ठीक हमारे स्टॉल के सामने था, हाथ जोड़कर गिड़गिड़ाने लगा, 'दीदीमनीरा, आमार दोकाने जे केइ आशछे ना। सब दादा बाबूरा तो आपना देरई दोकाने!' (दीदीमनी, मेरी दूकान में तो गाहक फटक ही नहीं रहे हैं, सब दादा बाबू तो आप ही की दूकान पर जा रहे हैं।)

हमने उसे आश्वस्त किया कि हम अपनी दुकान चार बजे ही उठा लेंगे। कोई नहीं आया तो हम सब छात्राएँ उसी के स्टॉल पर खाकर उसकी क्षतिपूर्ति करेंगी। एक तो हमारे स्टॉल पर वे सर्वथा नवीन स्वादवाली सामग्री परिवेशित हो रही थी, जो बंगाल की जिह्वा के लिए अभिनव थी। इडली, बड़ा, उधर उत्तरप्रदेशी समोसे, बिहार का तिलबुग्गा और अनरसे। सर अकबर हैदरी भी हमारी दूकान पर पधारे तो उन्हें एक समोसा खिला हमने दस रुपए उगा लिए। वह भी तब, जब इकन्नी में मसाले से ठँसा-फँसा समोसा अन्यत्र उपलब्ध था। मृणाल दी (मृणालिनी साराभाई), बूढ़ी दी (नन्दिता कृपलानी), दक्षिण की लीला एप्पन, चकर-चकर चहकनेवाली चेट्टी, चीन की मारी वांग सब परिवेशन के लिए फ़ौजी-अनुशासन में खड़ी थीं। जिस मेज़ पर मैं और नुकू थे, देखा उसी ओर एक अपरिचित जोड़ा चला आ रहा है। अपरूप सुन्दरी यौवनाक्रांता छरहरी कनक छड़ी-सी तरुणी और उतना ही काला-कन्दर्प बौना-सा सहचर।

मैंने नुकू के कान में फुसफुसाकर कहा, 'एई देख नुकू ब्यूटी एंड बीस्ट!'

वह हँसकर चुप रही। दोनों हमारी मेज़ पर बड़ी देर तक खाते, बतियाते, हँसते-खिलखिलाते रहे, फिर उस व्यक्ति ने नुकू को बुलाकर कहा, 'एई नुकू बिल निए आय!'

मैं चौंकी! तब क्या वह इन्हें जानती थी? पर तब ही, उसने बड़ी दुष्टता से हँसकर मेरा हाथ पकड़ उन दोनों के सम्मुख खींचकर कहा, 'जानो छोट दी, आमार बन्धु तोमादेर की बोलेछे? ब्यूटी एंड बीस्ट!'

मैं लज्जा से कटकर रह गई। मुझे क्या पता था कि छोटी दी नुकू की सगी बड़ी बहन हैं और कल ही कलकत्ता से आई हैं और उनके सहचर, जिन्हें मैंने अज्ञानवश 'बीस्ट' की उपाधि से विभूषित किया था, वे उसके सगे जीजा हैं। पर उसके रसिक जीजा ने शायद मेरी अपदस्थता भाँप ली थी। बड़े अधिकार से मेरा हाथ खींच, अपने पास बिठाकर बोले, 'बेश करेछो हे, आमार सुन्दरी गिन्नी के ब्यूटी बलेछो तो थेंक्स!'

उन्हें 'बीस्ट' कहा था, यह वह आह्लादी उदार व्यक्ति भूल गया। इसके

बाद दो बार उनसे मिलना हुआ। वही प्रसंग और वैसी ही उदार हँसी। यही नहीं पूजा में उन्होंने मेरे लिए विशेष उपहार के रूप में एक हाँडी सन्देश ही नहीं भिजवाए, एक सुन्दर धानी धनरेवाली साड़ी भी भेजी। साथ में था एक पत्र–

ओहे शालीर बंधु
ए साड़ी तोमाके खूब मानावे
आमादेर भालबाशा निमो
–ब्यूटी एंड बीस्ट

(अरी, साली की सखी, यह साड़ी तुम पर खूब फबेगी। हमारा प्यार लो–ब्यूटी एंड बीस्ट।)

आज भी वह स्नेहप्रवण चेहरा याद आते ही अपनी बचकानी उक्ति पर लज्जा आती है। छोट दी अभी भी आश्रम में हैं। जमाई बाबू नहीं रहे। यही दो वर्ष पूर्व नुकू ने मुझे बम्बई में मिलने पर बताया था। वह अपने पति प्रसिद्ध फ़िल्म निर्देशक श्री तपन सिन्हा के साथ जसलोक में अपनी बायपास सर्जरी कराने आई थी। अन्त तक शल्यक्रिया नहीं हुई। अस्पताल के व्यवहार से वह क्षुब्ध होकर मेरे यहाँ चली आई और दिन-भर हम दोनों ने साथ बिताया। कितनी बातें कीं। कितनी ही अनकही रह गईं! अरुंधती ने अपने जीवन-काल में ही प्रचुर ख्याति बटोरी थी। पहले स्वयं चलचित्रों के माध्यम से अपने अपूर्व अभिनय द्वारा। गायिका के रूप में 'यात्रिक', 'क्षुधित पाषाण', 'महाप्रस्थानेर पथे', 'छुटी', 'गोपाल' आदि चलचित्रों की निर्देशिका के रूप में।

'देखना, कभी तेरे किसी उपन्यास पर भी फ़िल्म बनाऊँगी, पर हिन्दी तो आती नहीं। तू ही बंगला में सिनॉप्सिस बनाना। यही कभी माणिक दा (सत्यजित रे) ने भी कहा था, किन्तु मन-की-मन ही में रह गई। मेरे उपन्यास धरे ही रह गए, नुकू चली गई।

जब उसे बम्बई में देखा, तो धक्का लगा था। कहाँ गया वह रूप, वह रंग! जब आश्रम के असंख्य छात्रों के हृदय वह अपनी फ़ीरोज़ी आँखों की चिलमन में दाबे, गर्वोन्नत मरालग्रीवा उठाए, राजमहिषी की-सी चाल में घूमती थी। भग्न दंत पंक्ति, काला धूसर गौरवर्ण, जिसकी पीताभ आभा पर सुदीर्घ व्याधि ने स्याही-सी फेरकर रख दी थी। कौन कहेगा वह कभी आश्रम की सर्वश्रेष्ठ सुरसुन्दरी के रूप में जानी जाती थी। ठीक ही कहा है शायद–

मा कुरु धनजन यौवन गर्वम्
हरति निमेषे कालः सर्वम्।

बहुत पहले पक्षाघात का एक सशक्त झटका उसके पैरों में भी अपने कुटिल हस्ताक्षर छोड़ गया था। 'देखद्दीश तो पायेर की दुरवस्था! (देख रही है, पैरों की कैसी दुरवस्था हो गई है!) मेरी आँखों में आँसू आ गए।

एक बार उसकी सज्जा करने में जुटी गौरी दी (नन्दलाल बोस की बड़ी पुत्री) ने मेरी ही उपस्थिति में कहा था, 'आहा, ऐकेबारे मुग़ल ब्यूटी' (आहा, एकदम मुग़ल ब्यूटी!)

पर आँखें अब भी वैसी ही थीं—अमिय हलाहल मद भरे। ठीक जैसे किसी ऐतिहासिक बुलन्द इमारत के खँडहर में अनूठे कंगूरों से विभूषित झरोखे, ज्यों-के-त्यों धरे हों। इसके बाद उसका एक ही पत्र मिला था। वह बायपास के लिए विदेश जा रही है, पर वहाँ से भी कोरी ही लौटी, फिर पहुँची बेंलौर। उसने भी शल्यक्रिया को निरापद नहीं बताया। कई धमनियाँ रक्त के थक्कों से अवरुद्ध हो गई थीं, फिर एक दिन वह बिना किसी से विदा लिए चुपचाप चली गई।

सुशीला

इस आकस्मिक आघात के लिए मैं प्रस्तुत नहीं थी। कुछ ही माह पूर्व तो उसका पत्र आया था! बम्बई से प्रेस ट्रस्ट के नारायणदत्तजी ने सूचित किया—'सुशीला नहीं रही।'

नुकू की ही भाँति उसे भी दिल का दौरा पल-भर में साथ खींच ले गया।

जब दो वर्ष पूर्व उससे अन्तिम बार मिली, तो उसने यही कहा भी था, 'जानती है, जब जाऊँगी तो चिड़िया की तरह उड़ जाऊँगी, फुर्र!' और फिर उसने अपने त्वरित सम्भावित प्रस्थान की भूमिका भी हाथ हिला, बाँधकर दिखाई थी, 'ऐसे!'

'अरे जा!' मैंने कहा था, 'जो ऐसा कहते हैं, वे कभी ऐसे नहीं जाते। मैं भी यही कहती थी, पर एक दिन, मेरी अपढ़ नौकरानी ने मुझे टोक दिया, 'ए दीदी, अइसा जिन कहो! जौन ऐसा कहत हैं, वे बड़ी अबेर जात हैं। जमराज अउर बदला लेत हैं कि का हम पर हुकुम चलइए?'

पर जमराज सुशीला से नहीं रूठ पाए। उसकी मोहक हँसी का जादू शायद उन पर भी चल गया!

अभी भी विश्वास नहीं होता कि सबको हँसानेवाली, स्वयं निरन्तर हँसने वाली वह शुचि स्मिता नहीं रही! दूर-दूर से वह आश्रम के प्राक्तन छात्र-छात्राओं को ढूँढ़-ढूँढ़कर स्वयं मिलने जाती और जब भी बम्बई जाती, मुझे भी उनसे मिलने खींच ले जाती। कभी कोलाबा, कभी विले पार्ले और कभी बान्द्रा!

'आज चित्रा जॉली से मिलेंगे, शशि बेन, चिमन पटेल, गौरी दी की बेटी बानी, विश्नी, हीरा सुन्दरी सब ही यहाँ हैं। मोहिनी को स्ट्रोक हुआ है। रजनी पटेल को कैंसर। उनसे मिलना ही होगा।'

मैं थक जाती, पर वह कभी नहीं थकी, फिर उसी के आग्रह पर मैंने अपने

निवास पर शान्तिनिकेतन के सब प्राक्तन छात्र-छात्राओं के लिए एक भोज का आयोजन किया। जिन्हें कभी जवान देखा था, वे अब वयःभारनमित, जीवन की धूसर सन्ध्या में कितने बदले लग रहे थे! कितने क्लांत! भूपेन्द्र, अमेरिका प्रवासी लालचन्द, वैभव के अगाध सिन्धु में डुबकियाँ लगाती हीरा! विश्नी मोहनी, प्रीति साहू!

कैसे आनन्दमय उत्स की सृष्टि की थी सुशीला ने! मैं सदैव उसकी ऋणी रहूँगी, क्योंकि दूर-दूर बसे अपने उन मित्रों को ढूँढ़-ढूँढ़कर लाने का न मुझमें शायद कभी धैर्य होता, न अवकाश ही। एक बात और भी थी। उसके पति बंशी का उसे सदैव पूर्ण सहयोग मिला। ऐसा निरीह, सरल, उदार व्यक्ति मैंने कभी नहीं देखा! हँसी-हँसी में मैंने उनका नाम रख दिया था, सन्त तुलसीदास। सुशीला तो हँसते-हँसते लोटपोट हो गई थी।

मैंने एक बार कहा, 'सुशीला, तूने पुण्य किए हैं, जो ऐसा उदार सहचर और ऐसा निष्ठावान प्रेमी तुझे जीवनसाथी के रूप में मिला है। तू कमरे में भी घूमती है, तो बंशी भाई की आँखें तेरे पीछे-पीछे घूमती हैं'; और उसने अपनी वन्य हरिणी-सी विस्फारित दृष्टि से मुझे बींधकर पूछा था, 'और मैं? मैं क्या बंशी को बिना पुण्य किए ही मिल गई?'

उसकी उस पुष्ट दलील को मैं फिर किन शब्दों से व्यर्थ कर सकती थी!

वह मेरी ही समवयसिनी थी, किन्तु सतर चाल में अब भी जवानी की ठसक थी। वही झलकारे मारता रंग। रसीली निष्पाप आँखें और मंजीरे-सी बजाती दूधिया हँसी। कहीं भी कुछ नहीं बदला था, केवल बाल हो गए थे सन से सफ़ेद।

सज्जा में उसकी रुचि सदा से बेजोड़ थी। विवाह बहुत विलम्ब से हुआ था, इसी से सन्तान होने का तो प्रश्न ही कभी नहीं उठा। दत्तक सन्तान लेने के पक्ष में वह कभी नहीं रही। परिवार की कुछ विवशताओं से ही वह सदा बँधी रही। पहले रुग्ण जननी साथ रहीं। फिर रुग्ण कुँआरी बड़ी बहन मैना। वैभव था अटूट। ऐंटीक का ऐसा संकलन शायद ही किसी म्यूज़ियम में उपलब्ध हो! सौराष्ट्र के प्रसिद्ध गोपर-द्वार। एक-से-एक उत्कृष्ट बेलबूटे अंकित काष्ठ के पलंगों के पाए। मेज़, आलमारियाँ, दुर्लभ पुस्तकें और दर्शनीय ऐतिहासिक आभूषण।

मैंने उसका पूरा संकलन देखा है। बंगाल के बने मोटे-मोटे इमरती कड़े,

जिन्हें उठाने में भी कलाई लचकती थी, हैदराबादी सुनारों की कलात्मक गढ़न के नग जड़े कर्णफूल, जयपुरी की दोहरी मीनाकारी से अलंकृत कंठी, कुछ नानी से विरासत में मिले थे, कुछ माँ से और कुछ उसका निजी संकलन था। दो वर्ष ही की तो बात है, एक दिन उसने अपना द्वार बन्द कर, सेफ़ से एक भारी पोटली निकाल मेरे सामने खोल दी। मेरी आँखें फटी-सी रह गईं। बुन्देलखंडी भारी पैंजना, जैसे ख़ूनी क़ैदी के पैरों में पड़ी बेड़ियाँ हों! फर्रुख़ाबादी पायज़ेब, कम-से-कम तीस तोले की करधनी, जो हथिनी भी पहने तो कमर लचक जाए। चाबी के दर्जनों दर्शनीय गुच्छे। क़लम-दवात। उसके प्रथम जन्म-दिन में मिला गंगा-जमुनी झुनझुना, छैल चूड़ी। लच्छे और सोने के गहनों का तो कहना ही क्या! बंगाल का गिनीहार, हीरे के कर्णफूल, केरल की विशिष्ट गढ़न के बने जालीदार कड़े, जो सुशीला का प्रिय आभूषण था। मत्स्य देह से ही लचीले पर कलाई में पहुँचते ही पेंचों से कसे जाने पर ठोस अचल बन जाते थे।

'तू यह सब घर में रखती है मूर्ख, 'लॉकर' में नहीं रखती।' मैंने कहा।

वह हँसने लगी, 'संसार का कौन-सा 'लॉकर' मेरा यह संकलन सँभाल पाएगा! तू तो जानती ही होगी, साँप की बाँबी से कैसे सँकरे होते हैं बैंक के लॉकर और फिर अपने ऐसे खूबसूरत गहने किसी बैंक की बदसूरत सुरंग में रखूँ, ऐसी मूर्ख नहीं हूँ मैं!'

'अरी, सेठानी', मैंने फिर उसे छेड़ दिया था। जानती थी कि इस सम्बोधन से वह भड़क उठती है, 'न तेरे आगे नाथ, न पीछे पगहा, तू चली गई, तो तेरे तुलसीदास तो इस उम्र में दूसरा विवाह करेंगे नहीं, फिर क्या होगा तेरे इस ख़ज़ाने का? मेरा कहना मान, किसी म्यूज़ियम को बेच-बाच एक ट्रस्ट बना डाल। तू क्या सोचती है, यह सब साथ ले जाएगी?'

फिर मैंने उसे भोज का मुंज के प्रति किया गया कटाक्ष भी सुनाया था—

नैके वापि समंगता वसुमती
मुंजस्त्वया यास्यती

(हे मुंज, वसुमती किसी के साथ नहीं गई, अब तेरे साथ जाएगी!)

'ठीक है, ठीक है, पर मैं अभी से नहीं जाऊँगी समझी? मेरी माँ, नानी सब अस्सी पार कर ही गईं। नानी तो सौ की होकर गई। मैं क्या ऐसे ही चल दूँगी?'

जैसा ही ख़ज़ाना था, वैसी ही शौक़ीन मालकिन भी थी। कहीं भी

विवाह-भोज होता या कोई उत्सव, सुशीला सबसे भिन्न लगती। हज़ारों की भीड़ में भी उसका चेहरा अलग ही चमकता। विवाह से पूर्व उसका बम्बई में एक प्रसिद्ध बुटीक था—'सुन्दर'। जहाँ के लिए भारी-भरकम महँगी साड़ियाँ ख़रीदने वह प्रायः भारत भ्रमण के लिए निकल जाती और छाँट-छाँटकर सीधे लूम से लुभावनी साड़ियाँ उठा लाती। कभी मन्दिरों में चढ़ी टेम्पल साड़ियाँ, कभी धर्मावरम और कभी कांचीपुरम से। यही नहीं, कच्छ, राजकोट की प्रसिद्ध 'पाणेतर' का उसके पास अपूर्व संकलन रहता। विवाह, लग्न आते तो यही महँगे 'पाणेतर' मुँह माँगे दामों में बिक जाती। बिना उसे ओढ़े भला किस काठी कन्या के फेरे फिर सकते थे! महाराष्ट्र की एक ऐसी 'पैंठनी' मैंने उसके पास देखी थी, जिसके बेलबूटे बनाने में सचमुच ही कारीगर ने अँगुलियाँ तोड़कर रख दी थीं। नारायण पेठ के इन्द्रधनुषी रंगों की रेशमी साड़ियाँ, बंगाल की कांथा से लेकर डूरे, ठाकाई, मुर्शिदाबाद की रेशमी साड़ियाँ शायद सुरसुन्दरियाँ देखतीं, तो वे भी रीझ जातीं। स्वयं मेरे पास उस उदार सखी के दिये कितने ही ऐसे उपहार हैं।

पहनने-ओढ़ने की ही नहीं, खाने की भी वह उतनी ही शौक़ीन थी। जहाँ उसे पता लगता, मैं बम्बई पहुँच गई हूँ, वह अविलम्ब कार लेकर मुझे अपने साथ लिवाने पहुँच जाती और फिर घर पहुँचते ही आरम्भ होतीं उसकी अनगिनत फरमाइशें, 'अरे, ठोकला खाँकरा खा-खाकर जीभ ऊब गई है, अब बना नया कुछ।'

और फिर कभी समोसे, कभी दही-बड़े और कभी उत्तर प्रदेश के वह सुर-दुर्लभ स्वादवाले आलू 'गंगा किनारेवाले'!

उसकी सुघड़ रसोई में मैं कुछ भी बनाने लगती, तो वह हाथ में कॉपी-पेंसिल लेकर मेरे पीछे खड़ी हो जाती और पूछने लगती, 'हाँ, कितनी हींग, कितने चम्मच धनियाँ और यह खटाई क्या चीज होती है? अच्छा-अच्छा अमचूर, यह कितनी चम्मच?'

मैंने एक दिन झुँझलाकर उसे टोक दिया, 'सुशीला, देख कॉपी में व्यंजन बनाने की विधि लिखनेवाले, या किसी पाक-कला की पुस्तक खोल नमक-मिर्च, मसाला डाल खाना बनानेवाले, कभी अच्छा खाना नहीं बना सकते। इस क्षेत्र में तो केवल अन्दाज़ चलता है और काम आता है सुदीर्घ अनुभव। याद रख, यह कला तो बस दिमाग़ में लिखकर सीधी अँगुलियों में उतारी जाती है। तराजू

में नाप-तौलकर मसाले फूहड़ गृहिणी ही डालती है, जिसने कभी करछुल ही न थामी हो, जैसे तू...'

और वह भुनभुना उठी थी, 'अच्छा तो कल मेरे बने कच्छी हलवे की तारीफ़ करती क्यों नहीं थक रही थी?'

सचमुच ही केवल गुड़, आटे और विशुद्ध घृत में बने, मेवों से लदे उस कच्छी हलवे में तो सुशीला ने करछुल तोड़कर रख दी थी। उसका अनुपम स्वाद अभी भी जिह्वाग्र पर है।

मेरी ही भाँति विधाता ने उसे भी मीठा खाने से वंचित कर दिया था। वह भी डायबिटिक थी, पर डॉक्टरी दवाओं से उसे सख़्त परहेज़ था। कालबा देवी जाकर वह कोई आयुर्वेदिक काढ़ा लेकर स्वयं पीती और मुझे भी पिलाती।

ऐसा भयंकर तिक्त स्वाद! शान्तिनिकेतन में वर्षों तक चखा था, जब एक क़तार में खड़ा कर हमें 'पंचतिक्त' पिलाया जाता, जिससे हम बंगाल के घातक मलेरिया से बचे रहें, पर जीभ से नीचे जाते ही, सर्वांग को वह बदबूदार तिक्तता विषधर के विष-सी अवश्य कर देती, पर हर डायबिटिक की भाँति, सुशीला का भी मिष्टदन्त उतना ही दुर्बल था, फिर वह स्वयं ही अपनी मौलिक व्याख्या देने लगती, 'अरे, खा ले, खा ले! कभी-कभार मीठा खाने से कुछ नहीं होता, फिर इस हलवे में चीनी कहाँ डाली है? गुड़ है, गुड़। गुड़ कभी क्षति नहीं करता।'

या फिर कहती, 'इसी से तो मुझे 'छप्पन भोग' का यह कलाकन्द पसन्द है। मीठा है ही नहीं। शायद दूकानदार भी डायबिटिक है!'

फिर कभी-कभी रात के खाने के बाद वह बंशी भाई को वाडीलाल का आइसक्रीम लेने ज़बरदस्ती ढकेल देती, 'ए बंशी, गौरा आवी छे ने, नमे लई आओ।'

मेरे आने के उपलक्ष्य में सब परहेज़ ताक़ पर धर दिए जाते।

'भला तू बम्बई आए और बिना वाडीलाल का आइसक्रीम चखे ही लखनऊ लौट जाए! यह तो ऐसा ही हुआ कि आगरा गई और बिना ताजमहल देखे लौट आई!'

फिर हम दोनों बड़ी बेहयाई से जानलेवा बदपरहेज़ी पर उतर आते। परहेज़ की कच्ची दीवार गिरने में समय ही कितना लगता है! चाय में भले ही चीनी न लें, मिठाई के स्वाद से यदा-कदा क्यों वंचित रहें?

उधर मृदुभाषी बंशी भाई धीमे स्वर में टोकते रहते, 'सुशीला, शूँ करेछे।

थारी ब्लड शूगर वधी छेने?' (सुशीला क्या कर रही है! तेरी ब्लड शूगर बढ़ी है ना?)

पर वहाँ किसे शूँ शाँ की परवाह थी। बड़े धड़ल्ले से ही मिष्ठान्न पर्व सम्पन्न होता।

फिर इसी बीच कलकत्ता से गौरी दी कभी आ गईं, तो कहने ही क्या! गौरी दी (श्री सत्यजित राय की पत्नी की बड़ी बहन) स्वयं हमारी बिरादरी की थीं। डॉक्टर ने चीनी से सख़्त परहेज़ बरतने को कहा था, पर परहेज़ करने में हमसे भी दुर्बल। बड़े प्रेम से खड़ी विनिदित छाने की पायस बनातीं और बड़े प्रेम से स्वयं भी खातीं, हमें भी खिलातीं। सुशीला फिर तुरुप दाग़ती, 'अरे, क्या रोज-रोज थोड़े ही ना ऐसी बदपरहेज़ी करती हूँ। वह तो तुम लोग आई हो इतनी दूर से। तुम्हें क्या मूँग की खिचड़ी, या चने, जौ की मिस्सी रोटी खिला सकती हूँ और फिर देख तो रही हो, यह बीमारी क्या बिगाड़ सकी है मेरा?'

पर बीमारी उसका बहुत कुछ बिगाड़ चुकी थी। दो वर्ष पूर्व दिल का दौरा भी पड़ चुका था, पर वह उसे दौरा मानने को तैयार नहीं थी, 'अरे, गैस से दम फूल पसीना आ गया, तो बस इस बंशी ने आसमान सिर पर उठा लिया।'

उसका घूमने-फिरने का उत्साह और देह की शक्ति थी अदम्य। देश-विदेश का कोना-कोना छान चुकी थी। और जहाँ जाती, वहीं आश्रम के पुराने साथियों को ढूँढ़ ही लेती। उसने गुरुदेव का गुरु-मन्त्र सच्चे अर्थ में सार्थक किया था। कभी गुरुदेव ने कहा था, 'तुम लोग शिक्षा पूर्ण कर जहाँ भी जाओ, जीवन भर छोटे-छोटे शान्तिनिकेतनों की सृष्टि करते रहो।'

यही सुशीला ने किया और अन्त तक करती रही। न जाने कितनी बार आश्रम के पौष मेले में हो आई थी। जितनी बार वहाँ से लौटती, मुझे पत्र अवश्य लिखती, 'बड़ा दुख होता है अब वहाँ जाकर। सबकुछ बदल गया है। आश्रम के वे ओर-छोर, जिन्हें हम खेल-खेल में हँसते-गाते पार कर लेते थे, अब वहाँ कारें चलती हैं। तिपहिया स्कूटर टनटनाते हैं। यहाँ तक कि मेला भी अब वहाँ उस मैदान में नहीं लगता, 'भुवनडाँगा' में खिसक आया है।'

जब सुशीला भीमजी आसार आश्रम में आई, तो खद्दर पहनती थी। उसकी नानी गांधीजी की प्रिय शिष्या थीं। पिता बापू के अनन्य भक्त। तब आश्रम में 'गुजराती समाज' की स्थापना हो चुकी थी। मैं भी उस समाज की सदस्या

थी। गुजरात में जन्म एवं भाषा पर अधिकार के कारण मुझे सहज ही प्रवेश प्राप्त हो गया था। दो पुष्ट वेणियों में विभक्त वह चेहरा मुझे पहली ही झलक में बड़ा मोहक लगा था। उसका सर्वश्रेष्ठ आभूषण था, उसका दूधिया निर्दोष स्मित। तब पूरा आश्रम संगीतमय था और देखा जाए तो 1935 से लेकर 1943 का वह आश्रम युग वास्तव में स्वर्ण युग था, जिसमें गुजराती छात्र-छात्राओं का विशेष योगदान रहा। नृत्य प्रवीण पिनाकी, गोवर्धन भाई, अनसूया, कुमुदिनी, वनलीला भट्ट, जिसके कामदेव के अभिनय ने उन्हें कलकत्ता तक प्रतिष्ठित कर दिया था। चिमन सेठ तो 'चूड़ीवाले' और 'दहीवाले' के रूप में ऐसा प्रसिद्ध हुआ कि उसे देखते ही लोग गाने लगते—

दई चाई गो दई चाई
दई चाई गो
श्यामली आमार गाय
तुलना तोमार नाँई नाँई गा

पारसी रती खंडालावाला, जिन्होंने कभी मामदेव के अभिनय से शतसहस्त्र गुणी हृदय विजित किए थे, जिन्हें वर्षों बाद मैंने अल्मोड़ा में बौद्धभिक्षुणी के रूप में देखा, जहाँ वे तब जर्मन भिक्षु लामा गोविन्द अनागरिक के साथ विवाह कर वैरागी जीवन व्यतीत कर रही थीं। अनंग की वह भस्मीभूत काया देखी, तो उनको लेकर गाया वह गीत याद हो आया—

कटाक्षे रबे तब पंचम शर
ताई आमी दीन वर

(तेरे कटाक्ष में पंचम शर रहेगा, यही मेरा वर है।)

न जाने आज वह अनंग कहाँ है!

यहाँ शान्तिनिकेतन की तत्कालीन रवीन्द्र संगीत एवं नृत्य की विशिष्टता पर कुछ कहना असंगत प्रतीत नहीं होता। तब वहाँ संगीत या नृत्यानुष्ठानों के आयोजनों में केवल मनोरंजन को ही प्रधानता नहीं दी जाती थी, हमारी शिल्प संस्कृति, साधना एवं शिक्षा सबको एक सूत्र में बाँधना ही गुरुदेव का मूल उद्देश्य था। वे स्वयं पूर्वाभ्यास में उपस्थित रहते। 'उत्तरायण' के निचले बड़े कमरे में ही ये पूर्वाभ्यास चलते थे।

सम्प्रति रवीन्द्र नृत्य-नाटिकाओं में जो सर्वथा नवीन परिभाषा देखने को मिलती है, उसे देख मेरी ही भाँति उन पूर्व छात्र-छात्राओं को भी निश्चय ही सन्तोष नहीं हुआ होगा, जिन्हें 1935 से लेकर 44 तक ऐसे अनुष्ठानों में भाग

लेने का सौभाग्य प्राप्त रहा है। रवीन्द्र संगीत या रवीन्द्र नृत्य की अपनी क्या मौलिक विशिष्टता है? इस संबंध में अपनी धारणा व्यक्त करने की योग्यता भले ही मुझमें न हो, किन्तु 9 वर्षों तक इनमें भाग लेने का सुअवसर प्राप्त होने के नाते थोड़ा-बहुत कहने का अधिकार अवश्य है।

रवीन्द्र संगीत की कविता, स्वर, गायन भंगी उच्चारण प्रत्येक में स्वयं गुरुदेव के 'हाल मार्क' की छाप लगी रहती है। केवल उनके किसी गीत के आगे 'रवीन्द्र संगीत' का ठप्पा लगा परिवेशित करने से ही वह रवीन्द्र संगीत नहीं हो जाता, भले ही कंठ कितना ही मधुर क्यों न हो!

'मनमोर मेघेर संगी' या 'ओरे आमार श्रावण मेघेर खेया तरीर माँझी' या 'जा हरिये जाय ता आगले बशे रई बे कत आर' जैसे गीतों की जटिल स्वरलिपि, जिन्हें शान्ति दा, शैलजा बाबू या स्वयं इंदिरा देवी (गुरुदेव की भतीजी) कैसी-कैसी कंठ की क़वायद करा हमें सिखाती थीं! मजाल है, एक भी स्वर किसी गलत सोपान पर पैर रख दे, किन्तु कुछ को छोड़ आज कितने सिद्धकंठ रवीन्द्र संगीत की इन बारीकियों को सही-सही समझ, उनके साथ न्याय कर पाते हैं! यही बात नृत्य पर भी लागू होती है। रवीन्द्रनाथ की जिस किसी कविता पर मन चाहे ठुमके लगाने से ही तो वह रवीन्द्र नृत्य नहीं हो जाता।

कहीं पढ़ा था कि एक बार देशी-विदेशी अतिथियों के एक अनुष्ठान में एकत्रित युगल अतिथि 'फागुन लेगे हे वने वने' की धुन पर शेक और वॉल्ट्ज़ करते महोत्साह में नाच-नाच रवीन्द्र संगीत को पिंडदान समर्पित करते रहे थे।

गुरुदेव ने नृत्य एवं संगीत को उस समय समाज में सर्वोच्च आसन पर प्रतिष्ठित किया था, जब नाचने-गाने को, बंगाल जैसे प्रगतिशील प्रांत में भी बहुत अच्छी दृष्टि से नहीं देखा जाता था।

मुझे स्वयं इसका अनुभव है। एक बार किसी ने मेरे सनातनी पितामह से मेरी शिकायत कर दी थी कि उसने रेडियो में गाना गाया है। तत्काल मुझे एक कार्ड में पितामह का कठोर आदेश मिला था—

'हमारे खानदान में लड़कियाँ गाकर पैसा नहीं कमातीं।' जबकि तब आश्रम से पहली बार कुछ छात्र-छात्राओं ने रिले कर पारिश्रमिक प्राप्त किया था, कुल पाँच रुपये।

उन दिनों रवीन्द्र नृत्य के मुख्य स्तम्भ थे शान्तिदेव घोष, गौरी भंज, केलू

नायर, कृष्णन कुट्टी और मणिपुर के नृत्य गुरु। मणिपुरी, कथकली दो नृत्यों का ही सम्मिश्रण था रवीन्द्र नृत्य। विशेषकर तीन नृत्य-नाटिकाओं में यह मधुर परिवेशना प्रख्यात हुई थीं, 'श्यामा', 'चंडालिका' और 'चित्रांगदा'।

पात्र-पात्रियों की, मंच की विशिष्ट सज्जा गौरी दी एवं स्वयं नन्दलाल बसु की देखरेख में होती। संगीतज्ञ एवं वाद्यवृंद लिए साज़िंदे मंच के ही एक कोने में बैठते। न कभी भी दर्शकों के हृदय सस्ते प्रदर्शन से विजित करने की कुचेष्टा, न कभी कोई अशोभन झाँकी प्रस्तुत कर सस्ती लोकप्रियता अर्जित करने का प्रयास। कहते हैं कि सुरुचिपूर्ण प्रस्तुति ही दर्शकों की सृष्टि कर सकती है। वही गुरुदेव ने सदैव किया और इसी कठिन साधना से वे एक प्रबुद्ध बुद्धिसम्पन्न दर्शक वर्ग की सृष्टि कर पाए थे।

शान्तिनिकेतन में पहली बार कथक-नृत्य का समावेश किया था आशा ओझा ने। 'मायावन विहारिणी हरिणी' में मणिपुरी की लास्यपूर्ण मोहक भंगिमा के पश्चात्, कथक की चमत्कारी लट्टू-सी घिरनियाँ एवं तत्कार देखने में एक सर्वथा नवीन स्वाद मिला था। ऐसे ही गुजराती समाज ने एक बार 'आम्रकुंज' में गरबा-नृत्य का भी आयोजन किया था।

सन्ध्या ना सागर ने नीर
वसन्त राज आओ आओ न

नृत्य को कैसे मनोग्राही बनाया जाए, कैसे कविता के छन्द, पैरों के घुँघरुओं के साथ क़दम से क़दम मिलाकर चलें, यही रवीन्द्र नृत्य की विशेषता थी। इसी से समवेत संगीत में पुरुष कंठ भी विशेष रूप से मांसल ही चुने जाते, कोंडामुंडी रेड्डी, जगत बन्धु कृष्णन, स्वयं शान्ति दा, आदि...

आंधार अम्बरे प्रचंड डाम्बरू
बाजिल गंभीर गरजने

गाते तो लगता सचमुच ही मेघ गरज रहे हैं। 'अर्जुन तूमी अर्जुन' समवेत कंठों में गाया जाता, किन्तु हा हतभागिनी की करुण व्यथा को साकार करता नारी-कंठ!

इंदुलेखा घोष जब 'रोदन भरा ए वसंत' गातीं, तो पूरे हॉल में सन्नाटा छा जाता। इसी प्रकार मोहर (अब रवीन्द्र संगीत की सुख्यात गायिका कनिका देवी) जब अव्यक्त सिसकियों को गाने में गूँथकर गातीं—

आमार अंगे अंगे
के बाजाय बांशी?

तो बंशी ही मुखरित हो उठती। इन अपूर्व क्षणों को आज शब्दों में व्यक्त कर पाना मेरे लिए सम्भव नहीं है। मेरे वे अनेक साथी, जो अभी भी जीवित हैं और प्रचुर यश अर्जित कर चुके हैं, जैसे कनिका, सुचित्रा मित्रा, नीलिमा सेन, विश्नी, कमला सेन ये ही इन क्षणों की महिमा का अनुभव कर सकते हैं। इनकी इस ख्याति के पीछे है उनका गंभीर अध्ययन, अटूट परिश्रम और अद्‌भुत शिल्प कौशल!

बज्रसेन की भूमिका हो या अर्जुन की निवेदिता बसु (नन्दलाल बसु की पुत्रवधू) को भला कौन भूल सकता है! सुन्दरी 'चित्रांगदा' के रूप में सुन्दरी नन्दिता कृपलानी (गुरुदेव की पौत्री), कुत्सित 'चित्रांगदा' के अभिनय में 'यमुना' दी (नन्दलाल बसु की पुत्री) 'चित्रांगदा' के रूप में ममता भट्टाचार्य, सखियों की भूमिका में अनीता बरुआ, हांस, ओनू, सेवा माहती, सुशीला, अरुंधती, विश्नी ये सब आश्रम के ऐतिहासिक व्यक्तित्व हैं।

'बाल्मीकि प्रतिभा' में सरस्वती की भूमिका में प्रतिमा सेन राय और लक्ष्मी के रूप में मंच को धन्य कर गई सुशीला को देख, दर्शकों के मुँह से बरबस 'वाह-वाह' की ध्वनि मुखरित हुई थी।

'ओ माँ ऐई जे साक्षात माँ लक्ष्मी आर सरस्वती'...('अरी माँ, यह तो साक्षात माँ लक्ष्मी और सरस्वती हैं') गौरी दी की सँवारी सज्जा, स्वयं नन्दलाल बसु की देखरेख और विधाताप्रदत्त सौन्दर्य की स्वामिनी प्रतिमा और सुशीला, जैसे कुमार टोला के कलाकारों की बनाई गई साक्षात दुर्गा प्रतिमा हों! वर्षों बाद उसी सरस्वती को ऑक्सफोर्ड में देखा। उजड़ जाने पर अब भी दिल्ली, दिल्ली ही थी। 'चंडालिका' में जिन्होंने मृणालिनी स्वामीनाथन (साराभाई) को माँ की भूमिका में देखा है, वे ही उस जन्मजात कलाकार की अद्‌भुत प्रतिभा का बखान कर सकते हैं और जो उस प्रदर्शन का साक्षी रह चुका है, भला अन्य किसी के नृत्य की उस नृत्य से तुलना कैसे कर सकता है।

एक बार अवनीन्द्रनाथ ठाकुर की कही गई एक बात याद आती है, 'तुम लोग जब आश्रम के सुदीर्घ प्रवास के पश्चात् घर लौटोगे, तो तुममें से प्रत्येक उच्च नासिकता से ग्रस्त रहेगा। साधारण रुचि का प्रदर्शन तुम्हें कभी बाँध नहीं पाएगा!' शायद उन्होंने ठीक ही कहा था! आज जब अपने इन तीन सद्यः दिवंगत साथियों को तिलांजलि देने करपुट में जल लिया, तो न जाने कितने चेहरों के विस्मृत प्रतिबिम्ब स्वयं ही करपुट स्थित जल में उभर आए!

गिरधारी की स्नेहसिक्त हँसी। अरुंधती की कटीली शरबती आँखें और सुशीला का वह दिव्य स्मित। उस स्मित का स्मरण करती हूँ, तो 'मेघदूत' की वे पंक्तियाँ बरबस हृदय को झकझोर देती हैं—

हे मेघ, तुम्हें यहीं सात्विक सौन्दर्य के दर्शन होंगे। तुम उस दीप्त मुखमंडल में शालीनता का तेज देखोगे। भ्रूभंगविलास से अपरिचित आँखों में, सच्ची लज्जा के भार का दर्शन पाओगे और उन अधरों पर स्थिर भाव से विराजमान पवित्र स्मित-रेखा को देखकर तुम समझ सकोगे कि शुचि स्मिता किसे कहते हैं!

'इस पवित्र सौन्दर्य को देख, तुम निचली पहाड़ी की उद्दाम और उन्मत्त विलास लीला को भूल जाओगे। वहाँ, तुम संचय का विकार देखोगे और यहाँ आत्मदान का सहज रूप! तुम भी तो आत्मदान हो, तुम जो कुछ भी संचय करते हो, दोनों हाथों से लुटाते जाते हो। लुटाए जाओ मित्र, यही जीवन की सार्थकता है! कहाँ मिलती है मित्र, पवित्र आँखों की आनन्द स्निग्ध दृष्टि! यह क्षण-भर का परिचय भी तुम्हारे लिए बहुत बड़ी निधि होगा...!

निःसन्देह अपने इन दिवंगत साथियों का क्षणिक परिचय मेरे लिए सदैव एक अमूल्य निधि बना रहेगा।

वह जीवन-भर कविता ही तो लिखती रही

जया के कठिन व्याधिग्रस्त होने का समाचार सुन चुकी थी, किसी ने बताया कि 'उसे कैंसर हो गया है, वह बीच में शान्तिनिकेतन चली गई थी पर फिर इलाज के लिए दिल्ली लौट आई है।' मुझे जब उसकी बीमारी का पता चला तो मुझे दूसरे दिन तड़के ही फ्लाइट से जाना था, सोचा लौटकर मिल लूँगी। लौटी तो वह बिना मिले ही जा चुकी थी। चित्त खिन्न हो गया। क्या थोड़ा-सा समय निकालकर, मैं उससे नहीं मिल सकती थी? काल, कभी भी अपनी कुटिल गति से हमें पराजित कर सकता है, यह बात हमारी समझ में तब आती है, जब पश्चात्ताप के अतिरिक्त हमारे पास कुछ नहीं रहता।

एक वर्ष पूर्व की दिल्ली की वह सन्ध्या आज बार-बार याद आ रही है, जब हम शान्तिनिकेतन के कुछ प्राक्तन छात्र-छात्राएँ अनीता ग्रेवाल के यहाँ एकत्रित हुए थे, कुछ क्षणों तक मैं जया को स्तब्ध होकर देखती रह गई थी। क्या यह वही जया था? निमग्न आँखों के नीचे बिखरी स्याह रेखाएँ, क्लांत आँखों में गहन नैराश्य। तब क्या उसने आसन्न मृत्यु की पदचाप सुन ली थी?

"क्या हो गया तुम्हें जया?" मैंने पूछा। कई वर्ष पूर्व उससे अचानक इलाहाबाद में भेंट हुई थी। वह अपनी चीन यात्रा से लौट मेरा अता-पता ढूँढ़, मुझसे मिलने आई थी। शाल के नीचे थी शैंपेन की बोतल, "देख क्या लाई हूँ तेरे लिए। आज इतने वर्षों के बाद के मिलन को सेलिब्रेट करेंगे।" उसने कहा।

"मेरे लिए और यह?" मैंने हँसकर कहा था, "तुमने कैसे सोच लिया कि मैं इस उपहार को देखकर उछल पड़ूँगी?"

"अच्छा, तो तू देहाती की देहाती ही रह गई। कोई बात नहीं। यह ले इसे रख"—और बटुआ खोल उसने मुझे एक बहुत सुन्दर चीनी पंखा थमा

दिया था, तब जया वही शान्तिनिकेतन की जया थी—आनन्दी, आमोदी, स्नेही बान्धवी। तब वह, शान्तिनिकेतन में कलाभवन की छात्रा थी। उस बेहद दुबली, लम्बी-साँवली दक्षिणी छात्रा के अत्यन्त साधारण चेहरे में कुछ भी ऐसा न था, जो दृष्टि को बाँधता। पर फिर भी कुछ ही दिनों में छात्र और छात्राओं में वह समान रूप से लोकप्रिय हो उठी थी। रामकिंकर द्वारा बनाई गई जया की मूर्ति उन्हीं दिनों की है, जो आज भी आश्रम में वैसी ही सतर खड़ी है। साहित्य सभा हो या आश्रम सम्मेलनी की पिकनिक, वाद-विवाद प्रतियोगिता हो या साहित्य गोष्ठी, जया की उपस्थिति के बिना नीरस ही रहती। यही नहीं, सातवीं पौष के मेले में छात्राओं द्वारा लगाया गया चाय का स्टाल हो या किसी उद्धत माँग का पोस्टर, सबका स्तर प्रखर करने में जया की तूलिका को कमाल हासिल था।

एक घटना स्मरण हो आती है। एक बार नित्य आलू-परवल खाते-खाते हम बुरी तरह ऊबने लगे थे, लगता था आश्रम के अधिकारियों ने थोक में आलू-परवल खरीद लिए थे। एक दिन सर्वसम्मति से यह प्रस्ताव पारित किया गया कि बिना नारे लगाए, अनोखी सूझबूझ से कुछ ऐसी चाल चलनी होगी कि हम पर आलू-परवल की बमबारी स्वयं ही बन्द हो जाए। रात-ही-रात में आश्रम की लाइब्रेरी में लगे श्यामपट्ट से लेकर सिन्हा सदन, भोजनालय, छात्रावास की दीवारों पर जया ने आलू-परवल के अद्‌भुत व्यंग्यचित्र चित्रित कर दिए—कहीं आलू सिर पकड़कर बिलख रहा है, कहीं छात्राएँ एक विराट् परवल की देह को बड़ी-सी शिला में बाँध नदी में डुबो रही हैं और वह चीख रहा है, "दुहाई गुरुदेव, बचाइए मुझे। छोड़ दो मुझे। मैं कसम खाता हूँ, अब कभी तुम्हारी थालियों में पैर नहीं रखूँगा।" कहीं कलात्मक अक्षरों में लिखा था "धिक आलू, धिक परवल"। ऐसे ही एक बार सातवीं पौष के मेले में छात्राओं ने चाय का स्टाल खोला, एक से एक सुन्दरी छात्राएँ परिवेशन कर रही थीं। नन्दिता कृपलानी, मृणालिनी स्वामीनाथन, बिश्नी जगेशिया, अनीता बरुआ, प्रतिभा सेन राय। देखते-ही-देखते अनाड़ी हाथों के बने अधकच्चे समोसे भी मोतियों के मोल बिकने लगे। परिवेशन करती छात्राओं की वेशभूषा भी दर्शनीय थी—सफेद रंग की नारंगी कन्नी की, श्रीनिकेतनी साड़ी, साउंताली शिथिल जूड़े, जूड़े पर जवाफूल और गांधी टोपी। परिवेशन का आकर्षण तो था ही, सबसे बड़ा आकर्षण था जया का बनाया प्रत्येक मेज पर धरा अभिनव 'मीनू'। जया की तूलिका ने चित्र बनाए और मैंने नामकरण किया :

(आँख की किरकिरी) 'चोखेर बाली'	सिंघाड़ा
'चार अध्याय'	हलुआ
'गीतांजलि'	मिहिदाना
'सोनार तरी'	चिंगड़ी
'नौकाडूबी'	चाय

गाने में जहाँ हमारा कंठ नहीं पहुँचता, जया का तारसप्तकी कंठ, छात्रों के मांसल कंठ को भी पराजित कर देता :

ओगो आमार श्रावन मेघेर
खेया तोरीर माँझी।

वह हमेशा माँझी को माँजी गाती और उतनी ही बार मैं उसे टोकती।

गत वर्ष जब वह मुझसे, प्राक्तन छात्र-छात्राओं की गोष्ठी में मिली तो मैंने पूछा, "जया, क्या अभी भी माँजी ही गाती हो?"

"अब गाती ही कहाँ हूँ, कंठ गया, स्मृति भी गई, अब धीरे-धीरे घुटने भी जा रहे हैं। इधर बेहद दर्द रहने लगा है, लगता है कुछ दिनों में चलना-फिरना भी दूभर हो जाएगा।"

पर घुटनों से क्रूर व्याधि धीरे-धीरे कुटिल शत्रु-सी रेंगती घातक कर्कट का रूप ले रही है, तब क्या पता था। दक्षिण में जन्मी जया का दूसरा जन्म हुआ था शान्तिनिकेतन में, वह ललितकला अकादमी में रही चीन में, उसके प्राण सदा शान्तिनिकेतन की मिट्टी में ही रचे-बसे रहे। वही मिट्टी उसकी तीर्थ मृत्तिका थी।

एक बार बंगला पत्रिका 'देश' में किसी कलामर्मज्ञ का लेख पढ़ा था, उन्होंने आधुनिक भारतीय शिल्प के इतिहास को तीन युगों में विभक्त किया है। प्रथम युग (1900-1930)—यह था आत्मानुसन्धान का युग। पश्चिमी धक्के से सम्पूर्ण रूप से हिल उठी कलाभित्ति लगभग भग्न होकर बिखर गई थी, यह था अप्रकृतिस्थ आत्म-विस्मृति का युग। जैसे कोई राजपूत विपन्नावस्था में पड़ अपनी पूर्व समृद्धि खो बैठता हो। विपत्ति के इन्हीं कठिन क्षणों में, कला में सहसा जातीयता का स्फुरण हुआ। अवनीन्द्रनाथ के ही भगीरथ प्रयत्न से दिशाहारा भागीरथी पुनः अवतरित हुई—देखा जाये तो अवनीन्द्रनाथ, नन्दलाल ने ही कला के उस भग्नप्राय स्तम्भ को पुनः स्थिर कर प्रतिष्ठित किया। द्वितीय युग (1930-40)—यह एक प्रकार से लोकायन पर्व कहा जा सकता है, जिसका

पौरोहित्य किया यामिनी राय ने।

तृतीय युग (1940-1949) रहा, समन्वय पूर्व। विनोदबिहारी, रामकिंकर, अमृता शेरगिल का युग। इसी पर्व में जीवन एवं शिल्पकला के सम्बन्ध में सर्वथा नवीन प्रश्नों का उद्‌भव हुआ। इसके बाद, स्वाधीनता परवर्ती शिल्प कला ऐतिहासिक युग को हम कह सकते हैं, जटिल युग। मनुष्य की समस्याएँ जटिल होती गईं। समन्वय पर्व के गुरुओं की छात्रा जया के लिए, यह युग निश्चय ही कठिन रहा होगा। मिथ्या ख्याति, भाँड-गुरुओं के ताबीज-टोटके, तन्त्र-मन्त्र बटोरने की उसे कभी आकांक्षा नहीं रही, न अपनी कला का प्रचार कर उसे भुनाने की। मैं जया को वर्षों से जानती थी, जब वह कलाभवन की छात्रा थी। तब भी और अब जब वह कला-जगत् में अपना विशिष्ट स्थान बना चुकी थी। जीवन हो या कला, वह सदा सरलीकरण में विश्वास रखती थी। प्रकृति एवं मनुष्य के जीवन ने उसे समान रूप से विमुग्ध किया था, पर उसके लिए एक स्वयं सम्पूर्ण जगत् रहा, जिसे वह मनचाहे रूप में सँवार सकती थी।

जया और मुझे एक बार आश्रम की एक आशुकवि गोष्ठी में, सम्मिलित प्रथम पुरस्कार मिला था, निर्णायक थे स्वयं रवीन्द्रनाथ। गत वर्ष मैंने उससे कहा था, "जया, क्या हम दोनों का ही यह दुर्भाग्य नहीं है कि स्वयं कविगुरु द्वारा पुरस्कृत हमारी काव्य प्रतिभा का पौधा जीवन में एक ही कविता लिखकर मुरझा गया? तुमने तूलिका थाम ली और मैं कविता छोड़कर कहानी-उपन्यास लिखने बैठ गई।"

उत्तर में वह "ओह, दैट चाइल्डिश पोएम" कह हँसकर रह गई थी। आज, उसके वर्षों पूर्व अंकित चित्र को देख रही थी, जो उसने कभी मुझे जन्मदिन पर दिया था। एक निष्कपट दीपशिखा का छोटा-सा चित्र, दीपदान में जल रही शिखा, जैसे किसी तुषार में आच्छादित पार्वत्य प्रदेश के काठ के घरौंदे में नन्हा-सा मृत्तिका प्रदीप धरा हो। जलरंगों की स्वच्छता इतने वर्षों में भी धूमिल नहीं पड़ी है। मैंने भूल की जो उस दिन जया से कहा, "उसकी काव्य प्रतिभा मुरझा गई।" जब इस चित्र को देखती हूँ तो लगता है, वह निरन्तर कविता ही तो लिखती रही, कलम से नहीं, तूलिका से। मेरे सम्मुख धरा यह चित्र मुझे आज एक निविड़ दृश्यकाव्य ही तो लग रहा है।

●●●